总主编 安炳浩 张敏

标准韩国语
同步练习册·第一册
第7版

北京大学、复旦大学、对外经济贸易大学、
延边大学等25所大学《标准韩国语》教材编写组共同编写
［韩］权今淑 ［韩］徐祯爱 编

北京大学出版社
PEKING UNIVERSITY PRESS

图书在版编目(CIP)数据

标准韩国语第一册（第7版）同步练习册 / 安炳浩, 张敏总主编；(韩) 权今淑, (韩) 徐祯爱编. —北京：北京大学出版社, 2022.8
（标准韩国语丛书）
ISBN 978-7-301-32865-1

Ⅰ.①标…　Ⅱ.①安…②张…③权…④徐…　Ⅲ.①朝鲜语–习题集　Ⅳ.①H55-44

中国版本图书馆CIP数据核字(2022)第028756号

书　　　名	标准韩国语 第一册（第7版）同步练习册 BIAOZHUN HANGUOYU DI-YI CE (DI-QI BAN) TONGBU LIANXICE
著作责任者	安炳浩　张　敏　总主编　〔韩〕权今淑　〔韩〕徐祯爱　编
责任编辑	刘　虹
标准书号	ISBN 978-7-301-32865-1
出版发行	北京大学出版社
地　　　址	北京市海淀区成府路205号　100871
网　　　址	http://www.pup.cn　新浪微博：@北京大学出版社
电子信箱	liuhong@pup.cn
电　　　话	邮购部 010-62752015　发行部 010-62750672　编辑部 010-62759634
印　刷　者	大厂回族自治县彩虹印刷有限公司
经　销　者	新华书店
	787毫米×1092毫米　16开本　15.5印张　349千字 2022年8月第1版　2024年5月第2次印刷
定　　　价	69.00元

未经许可，不得以任何方式复制或抄袭本书之部分或全部内容。
版权所有，侵权必究
举报电话：010-62752024　电子信箱：fd@pup.pku.edu.cn
图书如有印装质量问题，请与出版部联系，电话：010-62756370
本书采用出版物版权追溯防伪凭证，读者可通过手机下载APP扫描封底二维码，或者登录互联网查询产品信息。

前 言

《标准韩国语》自出版以来，受到广大读者的欢迎。应读者的要求，我们组织编写了《标准韩国语同步练习册》，帮助韩国语学习者更好地掌握教材的内容，以达到事半功倍的效果。

《标准韩国语同步练习册》是《标准韩国语》的配套读物，共三册。内容包括学习要点提示、扩展练习和习题答案。

学习要点提示将每课的教学内容进行全面的梳理和总结，对难点进行必要的提示，使学习者能更全面系统地巩固和掌握所学内容，对教师组织课堂教学也会有切实的帮助。

扩展练习是本书的重点。语言学习离不开练习，尤其是基础语言学习阶段，练习更是必不可少的。尽管教材中提供了一定数量的习题，但主要是配合相关语言点教学而设，远不能满足"在语言中学习语言"，在语言练习中培养、建立语感的需要。为此，我们精心编写了足够量的练习，内容包括教材讲授的知识并参照"韩国语能力考试"的相关要求有所深化，形式上采用与"韩国语能力考试"相同或接近的试题样式，从形式和内容两个方面向"韩国语能力考试"靠拢，以帮助学习者在将来的考试中取得理想的成绩。每个教学单元之后都附有"综合练习"一套，学习者可以以此检测自己本单元学习的效果。

为方便学习者，本书习题均附有答案（为方便教学，原附在教科书里的"参考答案"也移至《同步练习册》里），部分无标准答案的主观题尽可能提供参考答案或答题提示。

作为《标准韩国语》的配套辅助读物，本书全面反映教材的教学内容，并在此基础上有所拓展和延伸，为学习者语言学习的提高奠定坚实的基础。

目录 차례

第 1 课　元音〔모음〕　ㅏ, ㅓ, ㅗ, ㅜ, ㅣ……………………………………1

第 2 课　辅音〔자음〕　ㅂ, ㅍ, ㅃ, ㅁ ………………………………………6

第 3 课　辅音〔자음〕　ㄷ, ㅌ, ㄸ, ㄴ, ㄹ …………………………………12

第 4 课　元音〔모음〕　ㅡ, ㅐ, ㅔ, ㅚ, ㅟ …………………………………18

第 5 课　辅音〔자음〕　ㅈ, ㅊ, ㅉ, ㅅ, ㅆ …………………………………25

第 6 课　辅音〔자음〕　ㄱ, ㅋ, ㄲ, ㅎ ………………………………………31

综合练习1〔종합연습 1〕………………………………………………………36

第 7 课　元音〔모음〕　ㅑ, ㅕ, ㅛ, ㅠ, ㅒ, ㅖ ……………………………39

第 8 课　元音〔모음〕　ㅘ, ㅙ, ㅝ, ㅞ, ㅢ …………………………………45

第 9 课　收音〔받침〕　ㄱ, ㄴ, ㄷ, ㄹ, ㅁ, ㅂ, ㅇ ………………………51

第 10 课　收音〔받침〕　ㅅ, ㅈ, ㅊ, ㅋ, ㅌ, ㅍ, ㅎ, ㄲ, ㅆ ……………56

第 11 课　双收音〔겹받침〕　ㄳ, ㅄ, ㄵ, ㄺ, ㄻ …………………………61

第 12 课　双收音〔겹받침〕　ㄼ, ㄽ, ㄾ, ㄿ, ㅀ, ㅎ ……………………66

综合练习2〔종합연습 2〕………………………………………………………71

第 13 课　问候〔인사〕…………………………………………………………74

第 14 课　学校〔학교〕…………………………………………………………79

第 15 课　昨天〔어제〕…………………………………………………………84

第 16 课　购物〔물건 사기〕……………………………………………………89

第 17 课　一天作息〔하루일과〕………………………………………………96

第18课　方位〔위치〕·· 102

综合练习3〔종합연습 3〕··· 108

第19课　点菜〔주문하기〕·· 111

第20课　天气〔날씨〕·· 117

第21课　顺序〔순서〕·· 123

第22课　家庭〔가족〕·· 129

第23课　药店〔약국〕·· 135

第24课　交通〔교통〕·· 141

综合练习4〔종합연습 4〕··· 147

第25课　打电话〔전화하기〕··· 150

第26课　服装〔복장〕·· 156

第27课　兴趣〔취미〕·· 162

第28课　问路〔길 묻기〕·· 168

第29课　近况〔근황〕·· 174

第30课　邮局〔우체국〕··· 180

综合练习5〔종합연습 5〕··· 187

练习册答案··· 191

标准韩国语第一册（第7版）课本答案······························ 218

第1课 元音 모음

【学习重点】
1. 元音"ㅏ、ㅓ、ㅗ、ㅜ、ㅣ"的发音方法。
2. 书写方法
3. 基本单词

〈发音 point〉

一 发音方法。（발음 방법）

1. ㅏ [a]：
   发音时，口自然张开，下颚向下伸，舌尖也随之向下，嘴唇自然放松，口大张，即可发出此音。〈ㅏ〉与汉语"a阿"的发音方法很相似。

2. ㅓ [ə]：
   发音时，比发〈ㅏ〉口张得小一些，舌要稍微抬起。与汉语拼音"d（的）"的元音相近。

3. ㅗ [o]：
   发音时，口稍微张开，双唇向前拢成圆形，舌后部自然抬起。要注意双唇拢成圆形后应保持不动，否则容易发成汉语的"ou（欧）"，变为二合元音。

4. ㅜ [u]：
   发音时，口比发〈ㅗ〉时张得更小些，双唇拢成圆形。〈ㅜ〉与汉语拼音"u（乌）"的发音较相似。

5. ㅣ [i]：
   发音时，口稍微张开，舌面抬起贴近上腭，双唇向左右自然拉开。它与汉语拼音"i（衣）"的发音相近。

二 跟读。(잘 듣고 따라 읽으세요.)

1. 아…어　　　2. 어…아　　　3. 어…어
4. 오…우　　　5. 우…오　　　6. 오…오
7. 이…아　　　8. 이…어　　　9. 이…오

10. 아 … 이   11. 어 … 이   12. 오 … 이
13. 우 … 이   14. 어 … 오   15. 어 … 어

三 听录音，选择正确答案。(잘 듣고 맞는 것을 고르세요.)

1. ① 아   ② 어   ③ 오   ④ 우   ⑤ 이
2. ① 아   ② 어   ③ 오   ④ 우   ⑤ 이
3. ① 아   ② 어   ③ 오   ④ 우   ⑤ 이
4. ① 아   ② 어   ③ 오   ④ 우   ⑤ 이
5. ① 아   ② 어   ③ 오   ④ 우   ⑤ 이

四 跟读。(잘 듣고 따라 읽으세요.)

1. 아이   2. 아우   3. 어이
4. 오이   5. 우   6. 이

五 听录音，选择正确答案。(잘 듣고 맞는 것을 고르세요.)

1. ① 아이   ② 아우   ③ 어이   ④ 오이   ⑤ 우
2. ① 아이   ② 아우   ③ 어이   ④ 오이   ⑤ 우
3. ① 아이   ② 아우   ③ 어이   ④ 오이   ⑤ 우
4. ① 아이   ② 아우   ③ 어이   ④ 오이   ⑤ 우
5. ① 아이   ② 아우   ③ 이   ④ 오이   ⑤ 우
6. ① 아이   ② 아우   ③ 이   ④ 오이   ⑤ 우

〈词汇 check〉

一 书写练习。(쓰기 연습.)

书写的基本原则： 从上到下，由左至右。

ㅏ	ㅏ	ㅏ								
ㅓ	ㅓ	ㅓ								

第1课 元音

（续）

ㅗ	ㅗ	ㅗ						
ㅜ	ㅜ	ㅜ						
ㅣ	ㅣ	ㅣ						

二 书写练习。（쓰기 연습.）

> **注意**：韩国语为语音文字，书写时以音节为单位。书写元音为文字时，须在其左侧或上部加一个字母ㅇ。这个ㅇ不表示任何音值，只起到修饰字形的作用。元音 "ㅏ, ㅓ, ㅗ, ㅜ, ㅣ" 应书写为 "아, 어, 오, 우, 이"。

아	아	아						
어	어	어						
오	오	오						
우	우	우						
이	이	이						

三 书写练习。（쓰기 연습.）

아이	아이	아이					
어이	어이	어이					
오이	오이	오이					
아우	아우	아우					
우	우	우					
이	이	이					

3

〈理解 exercise〉

一 听录音，连线。(잘 듣고 맞는 것을 연결하세요.)

1. 아 —— ㉠ 이
2. 어 •   • ㉡ 우
3. 오 •   • ㉢ 오
4. 우 •   • ㉣ 어
5. 이 •   • ㉤ 아

二 听录音，纠错。(잘 듣고 틀린 것을 고르세요.)

1. ①아　　②어　　③오　　④우
2. ①우　　②어　　③오　　④이
3. ①오　　②우　　③이　　④아
4. ①이　　②우　　③오　　④우

三 听写。(잘 듣고 쓰세요.)

1. _____
2. _____
3. _____
4. _____
5. _____

四 看图，选择正确答案。(그림을 보고 맞는 것을 골라 쓰세요.)

아이　어이　아우　오이　우이

1._____　　2._____　　3._____

五 将语句与相符的图片连线。(맞는 그림을 연결하세요.)

1. 안녕! 你好! •　　　　　　　　•㉠

2. 안녕하세요? 您好! •　　　　　　•㉡

3. 안녕히 가세요. 再见，请走好! •　　•㉢

六 选择正确答案。(맞는 것을 고르세요.)

(1.　　) 다르고 (2.　　) 다르다. (会说的惹人笑，不会说的惹人跳。)

①아　　　②오　　　③어　　　④우　　　⑤이

第 2 课 辅音 자음

【学习重点】
1. 辅音"ㅂ, ㅍ, ㅃ, ㅁ"的发音方法。
2. 书写方法
3. 基本单词

〈发音 point〉

一 发音方法。（발음 방법）

1. ㅂ [p] (b):
   发音时双唇紧闭，然后用气流把双唇冲开，爆发成音。〈ㅂ〉与汉语拼音 b〔如：把(bǎ)、不(bù)、笔(bǐ)等字的声母〕相似。

2. ㅍ [p'] (p):
   发音方法与辅音〈ㅂ〉基本相同，只是发〈ㅍ〉时，需要送气。〈ㅍ〉与汉语拼音 p〔如：破(pò)、皮(pí)、坡(pō)等字的声母〕相似。

3. ㅃ [p']:
   发音时，口形与〈ㅂ〉相同，但声门要紧闭，使气流在喉头受阻，然后冲破声门而出，产生挤喉现象，由于汉语中没有与之相似的音，所以辨别和模仿起来都有一定难度。

4. ㅁ [m]:
   发音时，先紧闭双唇，然后使气流从鼻腔中泄出，同时振动声带，与汉语拼音 m〔如：摸(mō)、门(mén)等字的声母〕相似。

二 跟读。（잘 듣고 따라 읽으세요.）

1. 버 … 바　　2. 뽀 … 뿌　　3. 마 … 머
4. 푸 … 퍼　　5. 빠 … 버　　6. 뻐 … 바
7. 무 … 삐　　8. 포 … 푸　　9. 비 … 삐
10. 머 … 모　11. 버 … 뻐　12. 피 … 삐

第2课 辅音

三 听录音，选择正确答案。(잘 듣고 맞는 것을 고르세요.)

1. ① 바　② 파　③ 빠　④ 비　⑤ 피
2. ① 바　② 파　③ 빠　④ 비　⑤ 피
3. ① 바　② 파　③ 빠　④ 비　⑤ 피
4. ① 바　② 파　③ 빠　④ 비　⑤ 피
5. ① 바　② 파　③ 빠　④ 비　⑤ 피
6. ① 무　② 모　③ 부　④ 포　⑤ 푸
7. ① 무　② 모　③ 부　④ 포　⑤ 푸
8. ① 무　② 모　③ 부　④ 포　⑤ 푸

四 跟读。(잘 듣고 따라 읽으세요.)

1. 뽀뽀　　　2. 아빠　　　3. 무
4. 아이　　　5. 파　　　　6. 바보
7. 아우　　　8. 피　　　　9. 모

五 听录音，选择正确答案。(잘 듣고 맞는 것을 고르세요.)

1. ① 바보　② 아빠　③ 뽀뽀　④ 아이　⑤ 아우
2. ① 바보　② 아빠　③ 뽀뽀　④ 아이　⑤ 아우
3. ① 바보　② 아빠　③ 뽀뽀　④ 아이　⑤ 아우
4. ① 무　　② 모　　③ 부　　④ 포　　⑤ 푸
5. ① 무　　② 모　　③ 부　　④ 포　　⑤ 푸

● ⟨词汇 check⟩

一 书写练习。(쓰기 연습.)

ㅂ	ㅂ	ㅂ							
ㅍ	ㅍ	ㅍ							
ㅃ	ㅃ	ㅃ							
ㅁ	ㅁ	ㅁ							

二 书写练习。(쓰기 연습.)

> **注意**：韩国语文字以音节为单位，辅音必须与元音结合才能构成音节。书写的基本原则是，从上到下，由左至右。

	ㅏ	ㅓ	ㅗ	ㅜ	ㅣ
ㅂ	바				
ㅍ	파				
ㅃ	빠				
ㅁ	마				

三 书写练习。(쓰기 연습.)

아빠	아빠	아빠						
바보	바보	바보						
뽀뽀	뽀뽀	뽀뽀						
비	비	비						
파	파	파						
피	피	피						
모	모	모						
무	무	무						
또	또	또						
배	배	배						
더	더	더						
크다	크다	크다						
보다	보다	보다						

第2课　辅音

<理解 exercise>

一　听录音，连线。（잘 듣고 맞는 것을 연결하세요.）

모	파	보	머	바
포	뿌	푸		빠
뽀	뻐	무	퍼	버

(모 —— 뿌)

二　听写。（잘 듣고 쓰세요.）

1. _____
2. _____
3. _____
4. _____
5. _____
6. _____
7. _____

三　看图，选择正确答案。（그림을 보고 맞는 것을 골라 쓰세요.）

피　무　아빠　뽀뽀　파　모

1. _____

2. _____

3. _____

4. _____　　5. _____　　6. _____

四　仿照例子，完成单词。（단어를 완성하세요.)

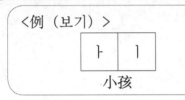

1.
ㅏ	ㅏ

爸爸

2.
ㅣ

雨

3.
ㅗ	ㅗ

亲亲

4.
ㅜ

萝卜

5.
ㅏ	ㅗ

傻瓜

6.
ㅗ

秧

五 看图填写正确答案。(그림에 맞는 답을 쓰세요.)

1.

2.

_____   _____

六 选择正确答案。(맞는 것을 고르세요.)

(1.　　) 보다 (2.　　) 이 더 크다. (肚脐比肚子还大——本末倒置。)

① 모　　　② 배　　　③ 파　　　④ 배꼽　　　⑤ 무

＜补充单词 보충단어＞

또	（副）	又
더	（副）	更
크다	（形）	大
보다	（动）	看

第3课 辅音 자음

【学习重点】
1. 辅音 "ㄷ, ㅌ, ㄸ, ㄴ, ㄹ" 的发音方法。
2. 书写方法
3. 基本单词

〈发音 point〉

一、发音方法。（발음 방법.）

1. ㄷ [t] (d)：
   发音时，先用舌尖抵住上齿龈，然后舌尖离开上齿龈，使气流冲出而成音。与汉语拼音d〔如：打(dǎ)、得(dé)、底(dǐ)等字的声母〕发音相似。

2. ㅌ [t'] (t)：
   发音方法与〈ㄷ〉基本相同，只是发〈ㅌ〉时要送气。与汉语拼音t〔如：他(tā)、特(tè)、提(tí)等字的声母〕发音相似。

3. ㄸ [t']：
   发音方法也与〈ㄷ〉基本相同，但发〈ㄸ〉时要将声门紧闭，使气流在喉头受阻，然后冲破声门而出。由于汉语中没有与其相似的音，所以练习起来较难。

4. ㄴ [n] (n)：
   发音时，舌尖抵住上齿龈，然后松开，并使气流通过鼻腔，声带振动而成音。与汉语拼音n〔如：那(nà)、讷(nè)、泥(ní)等字的声母〕的发音相似。

5. ㄹ [r] (l)：
   发音时，舌尖抵住上齿龈，然后气流冲出使舌尖弹动成音。与汉语拼音l发音近似却又不同，发音时不能卷舌，练习时须反复模仿。

二 跟读。(잘 듣고 따라 읽으세요.)

1. 다 … 따   2. 터 … 떠   3. 너 … 러
4. 더 … 토   5. 로 … 노   6. 또 … 도
7. 타 … 따   8. 누 … 루   9. 또 … 토
10. 투 … 루   11. 뚜 … 두   12. 디 … 띠

三 跟读。(잘 듣고 따라 읽으세요.)

1. 나무   2. 다리   3. 머리
4. 라디오   5. 도토리   6. 따다
7. 나비   8. 뿌리   9. 또
10. 노비   11. 누리   12. 뽀뽀
13. 바다   14. 바리   15. 나라

四 听录音，选择正确答案。(잘 듣고 맞는 것을 고르세요.)

1. ① 나무   ② 다리   ③ 나비   ④ 라디오   ⑤ 도토리
2. ① 나무   ② 뿌리   ③ 나비   ④ 라디오   ⑤ 도토리
3. ① 나무   ② 뿌리   ③ 나비   ④ 라디오   ⑤ 도토리
4. ① 나무   ② 뿌리   ③ 나비   ④ 라디오   ⑤ 도토리
5. ① 나무   ② 뿌리   ③ 나비   ④ 라디오   ⑤ 도토리

〈词汇 check〉

一 书写练习。(쓰기 연습.)

ㄷ	ㄷ	ㄷ							
ㅌ	ㅌ	ㅌ							
ㄸ	ㄸ	ㄸ							
ㄴ	ㄴ	ㄴ							
ㄹ	ㄹ	ㄹ							

第3课　辅音

二 书写练习。(쓰기 연습.)

	ㅏ	ㅓ	ㅗ	ㅜ	ㅣ
ㄷ	다				
ㅌ	타				
ㄸ	따				
ㄴ	나				
ㄹ	라				

三 书写练习。(쓰기 연습.)

나라	나라	나라			
나비	나비	나비			
나무	나무	나무			
다리	다리	다리			
도토리	도토리	도토리			
머리	머리	머리			
따다	따다	따다			
뿌리	뿌리	뿌리			
라디오	라디오	라디오			
바다	바다	바다			
바리	바리	바리			
누비	누비	누비			
누리	누리	누리			
노루	노루	노루			
다도	다도	다도			
또	또	또			
뚜	뚜	뚜			
떠	떠	떠			
띠	띠	띠			

第3课 辅音

〈理解 exercise〉

一 听录音，选择正确的选项。(잘 듣고 맞는 것을 고르세요.)

1. ① 타-터-토　② 다-더-도　③ 따-떠-또　④ 타-투-터
2. ① 나-터-투　② 다-러-로　③ 다-뚜-루　④ 라-두-토
3. ① 터-티-리　② 나-너-도　③ 또-떠-누　④ 라-투-투
4. ① 러-터-토　② 누-더-두　③ 따-띠-리　④ 너-누-터
5. ① 토-러-라　② 다-더-누　③ 라-떠-뚜　④ 누-투-두

二 听写。(잘 듣고 쓰세요.)

1. _____
2. _____
3. _____
4. _____
5. _____
6. _____
7. _____
8. _____
9. _____
10. _____

三 填空组词。(맞는 답을 쓰세요.)

1.

바	
	리

2.

3.   4.

四 构词练习。(단어를 완성하세요.)

1.   2.
　　海　　　　　　　　　更

3.   4.
　　獐子　　　　　　　　摘，采

5.   6.
　　橡子　　　　　　　　收音机

五 看图写词。(그림에 맞는 답을 쓰세요.)

1.   2.

————————　　　　————————

3.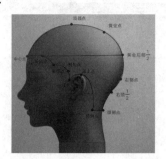
_____

4.
_____

六　选择正确答案。(맞는 것을 고르세요.)

| 친 | 구 | | (ㅏ) | (ㅏ) | | 강 | 남 | | 간 | (ㅏ) | . |

（随友走江南——随大流。）

① ㅂ,ㄸ,ㅇ　　② ㄸ,ㄹ,ㄷ　　③ ㅍ,ㅂ,ㄴ
④ ㄷ,ㄹ,ㄴ　　⑤ ㄴ,ㅂ,ㄸ

<补充单词 보충단어>

나라	（名）	国家
누리	（名）	大地；人间
다도	（名）	茶道
라디오	（名）	收音机
바다	（名）	海
노비	（名）	奴婢

第4课 元音 모음

【学习重点】
1. 元音 "ㅡ, ㅐ, ㅔ, ㅚ, ㅟ" 的发音方法。
2. 书写方法
3. 基本单词

〈发音 point〉

一 发音方法。(발음 방법.)

1. ㅡ [ɯ]:
   发音时，口稍微张开，舌头向上腭抬起。汉语中没有与之相似的音，发"乌"(wū)音时将圆唇变为展唇，即为此音。注意与⟨ㅓ⟩的发音不同。

2. ㅐ [ɛ]:
   发音时，口稍微张开，舌尖顶住下齿，声带振动成音。汉语中没有与其相似的元音。注意不要与汉语的二合元音"ai"相混淆。

3. ㅔ [e]:
   发音时，口比⟨ㅐ⟩张得小，舌位也比⟨ㅐ⟩略微高一些。注意⟨ㅔ⟩与⟨ㅐ⟩的发音区别。

4. ㅚ [ø]:
   发音时，口形大小及舌位与⟨ㅔ⟩基本相同，但发⟨ㅚ⟩时双唇一定要拢成圆形。汉语中没有与其相似的音。近年来⟨ㅚ⟩的发音有向二合元音演变的倾向。

5. ㅟ [yi/wi]:
   发音时，舌面往上抬，同时将双唇拢圆。与汉语字音"鱼"(yú)的发音很相近。

二 跟读。(잘 듣고 따라 읽으세요.)

1. 애 … 에	2. 외 … 위	3. 으 … 이
4. 배 … 베	5. 빼 … 배	6. 브 … 비
7. 되 … 데	8. 때 … 떼	9. 뜨 … 드
10. 내 … 네	11. 뉘 … 뇌	12. 느 … 니
13. 왜 … 메	14. 래 … 레	15. 되 … 뒤

三 听录音，选择正确答案。(잘 듣고 맞는 것을 고르세요.)

1. ① 으 ② 어 ③ 우 ④ 에 ⑤ 이
2. ① 에 ② 어 ③ 외 ④ 오 ⑤ 에
3. ① 이 ② 에 ③ 위 ④ 으 ⑤ 아
4. ① 아 ② 애 ③ 외 ④ 위 ⑤ 이
5. ① 애 ② 어 ③ 으 ④ 우 ⑤ 애

四 跟读。(잘 듣고 따라 읽으세요.)

1. 배   2. 베   3. 애나무
4. 뇌   5. 위   6. 쉬
7. 바보   8. 모래   9. 누에

五 听录音，选择正确答案。(잘 듣고 맞는 것을 고르세요.)

1. ① 에   ② 아이   ③ 어이   ④ 위이   ⑤ 에이
2. ① 아이 ② 에이   ③ 으이   ④ 위이   ⑤ 외
3. ① 애   ② 외   ③ 위   ④ 오   ⑤ 으
4. ① 아에 ② 아위   ③ 어에   ④ 오에   ⑤ 외
5. ① 으이 ② 아이   ③ 외이   ④ 애이   ⑤ 위
6. ① 위   ② 외   ③ 애   ④ 오   ⑤ 우

〈词汇 check〉

一 书写练习。(쓰기 연습.)

ㅡ	ㅡ	ㅡ							
ㅐ	ㅐ	ㅐ							
ㅔ	ㅔ	ㅔ							
ㅚ	ㅚ	ㅚ							
ㅟ	ㅟ	ㅟ							

二 书写练习。(쓰기 연습.)

注意:韩国语的元音"ㅡ,ㅐ,ㅔ,ㅚ,ㅟ"写成文字时,一定要在它的上部或它的左边加一个字母ㅇ,以保持文字的平衡美感。元音"ㅡ,ㅐ,ㅔ,ㅚ,ㅟ"写为"으,애,에,외,위"。

ㅡ:ㅇ … 으
ㅐ:ㅇ … 이 … 아 … 애
ㅔ:ㅇ … ㅇ … 어 … 에
ㅚ:ㅇ … ㅇ … 오 … 외
ㅟ:ㅇ … 으 … 우 … 위

으	으	으							
애	애	애							
에	에	에							
외	외	외							
위	위	위							

三 书写练习。(쓰기 연습.)

에이	에이	에이					
매	매	매					
모래	모래	모래					
모레	모레	모레					
아래	아래	아래					
뇌	뇌	뇌					
뒤	뒤	뒤					
배	배	배					
베	베	베					
뛰다	뛰다	뛰다					
되다	되다	되다					
뒤로	뒤로	뒤로					
애로	애로	애로					
누에	누에	누에					
노래	노래	노래					
때다	때다	때다					
떼다	떼다	떼다					
데다	데다	데다					

〈理解 exercise〉

一 看图，选择正确答案。(그림을 보고 맞는 것을 골라 쓰세요.)

> 배 뛰다 노래 위 모래 매 뇌

1.
　_____

2.
　_____

3.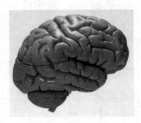
　_____

4.
　_____

5.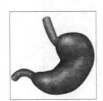
　_____

6.
　_____

二 听发音写答案。(잘 듣고 맞는 답을 쓰세요.)

1. 외 - 이 - 우 - (　　　　　)
2. 우 - 이 - 아 - (　　　　　)
3. 오 - 외 - 아 - (　　　　　)
4. 이 - 어 - 오 - (　　　　　)

三 听写。(잘 듣고 쓰세요.)

1. _____
2. _____
3. _____
4. _____

5. _____
6. _____
7. _____
8. _____

四 参照例子，写答案。(다음을 완성하세요.)

<例（보기）>
　　ㅇ/ ㅇ/ ㅏ/ ㅜ/ = (아우) 弟弟

1. ㅁ/ ㄹ/ ㅗ/ ㅐ = (　　　　　) 沙子
2. ㄴ/ ㅔ/ ㅜ/ ㅇ = (　　　　　) 蚕
3. ㅇ/ ㅟ = (　　　　　) 胃，上面
4. ㄴ/ ㅜ/ ㅏ/ ㅇ/ ㅐ/ ㅁ = (　　　　　) 小树
5. ㄷ/ ㄷ/ ㅚ/ ㅏ = (　　　　　) 成为
6. ㄸ/ ㄷ/ ㅟ/ ㅏ = (　　　　　) 跑，跳

五 看图，选择正确答案。(그림을 보고 맞는 것을 골라 쓰세요.)

안녕하세요.　　반갑습니다.　　앉으세요.
감사합니다.　　안녕히 가세요.

1. 두 사람이 만나 인사를 합니다. (两个人互相打招呼。)

① _____
② _____

2. 종업원이 손님에게 의자에 앉으라고 합니다. (服务员让客人坐在椅子上。)

① _____

② _____

六 选择正确答案。(맞는 것을 고르세요.)

(1. _____)는 놈 위에 (2. _____)는 놈 있다.
（人外有人，山外有山，天外有天。）

① 기, 나　② 오, 가　③ 뛰, 나　④ 싸, 누　⑤ 추, 아

第5课 辅音 자음

【学习重点】
1. 辅音"ㅈ, ㅊ, ㅉ, ㅅ, ㅆ"的发音方法。
2. 书写方法
3. 基本单词

〈发音 point〉

一 发音方法。(발음 방법.)

1. ㅈ [ts] (z):
   发音时,舌尖顶住下齿,舌后部向上抬。与汉语拼音z〔如:资(zī)、责(zé)、杂(zá)等字的声母〕的发音相似。

2. ㅊ [ts'] (c):
   发音时,部位与〈ㅈ〉完全相同,只是发〈ㅊ〉音时要送气,气流要强些。与汉语拼音c〔如:雌(cí)、促(cù)、脆(cuì)等字的声母〕发音相似。

3. ㅉ [ts']:
   发音时,部位与辅音〈ㅈ〉完全相同,只是发〈ㅉ〉时,声门要紧闭,使气流在喉头受阻,然后冲破声门而出。由于汉语中没有与其相似的发音,所以发音有一定难度。

4. ㅅ [s] (s):
   发音时,舌尖抵住下齿,舌面接近上腭,使气流从舌尖和上腭之间的空隙处摩擦而出。与汉语拼音s〔如:思(sī)、素(sù)、松(sōng)等字的声母〕相近。注意分辨〈ㅅ〉和〈ㅊ〉。

5. ㅆ [s']:
   发音时,部位与〈ㅅ〉完全相同,但发〈ㅆ〉时要紧闭声门,使气流在喉头受阻,然后冲破声门而出。由于汉语中没有与之相似的发音,所以练习时要格外注意。

二 跟读。(잘 듣고 따라 읽으세요.)

  1. 재 … 제　　　　2. 저 … 즈　　　　3. 주 … 즈
  4. 죄 … 쥐　　　　5. 새 … 채　　　　6. 쎄 … 체
  7. 째 … 채　　　　8. 쵀 … 쇠　　　　9. 쌔 … 새
  10. 서 … 스　　　11. 쓰 … 서　　　12. 처 … 서
  13. 쯔 … 스　　　14. 쯔 … 쓰　　　15. 츠 … 쓰

三 跟读。(잘 듣고 따라 읽으세요.)

  1. 지다 … 찌다　　　2. 자다 … 짜다　　　3. 죄 … 쵀
  4. 쏘다 … 쑤다　　　5. 새우 … 세다　　　6. 쇠다 … 쉬다
  7. 재주 … 제주도　　8. 치마 … 처마　　　9. 뒤 … 쥐
  10. 뿌리 … 부리　　　11. 개미 … 거미　　12. 또아리 … 더미

四 听录音，选择正确答案。(잘 듣고 맞는 것을 고르세요.)

  1. ① 재다　　② 채다　　③ 째다　　④ 새다　　⑤ 쌔다
  2. ① 죄　　　② 쵀　　　③ 쥐　　　④ 체　　　⑤ 취
  3. ① 초다　　② 처다　　③ 주다　　④ 추다　　⑤ 쭈다
  4. ① 치마　　② 치머　　③ 추머　　④ 처마　　⑤ 처머
  5. ① 써다　　② 쓰다　　③ 쏘다　　④ 쑤다　　⑤ 싸다
  6. ① 짜리　　② 찌리　　③ 쪼리　　④ 쭈리　　⑤ 쩌리

     ● 〈词汇 check〉

一 书写练习。(쓰기 연습.)

ㅈ	ㅈ	ㅈ								
ㅊ	ㅊ	ㅊ								
ㅉ	ㅉ	ㅉ								
ㅅ	ㅅ	ㅅ								
ㅆ	ㅆ	ㅆ								

二 书写练习。(쓰기 연습.)

자	자	자							
차	차	차							
짜	짜	짜							
사	사	사							
싸	싸	싸							

三 书写练习。(쓰기 연습.)

지구	지구	지구			
지리	지리	지리			
바지	바지	바지			
치마	치마	치마			
마차	마차	마차			
고추	고추	고추			
사자	사자	사자			
수저	수저	수저			
찌다	찌다	찌다			
짜다	짜다	짜다			
쏘다	쏘다	쏘다			
아저씨	아저씨	아저씨			
차비	차비	차비			
자리	자리	자리			
짜리	짜리	짜리			
소리	소리	소리			
싸우다	싸우다	싸우다			

〈理解 exercise〉

一、听录音，选择正确答案。(잘 듣고 맞는 답을 골라 쓰세요.)

> 지도 짜리 자리 바지 치마 마차 찌다 짜다
> 사자 수저 아저씨 쏘다 커피 고추 소리 차비

1. _____ 2. _____
3. _____ 4. _____
5. _____ 6. _____
7. _____ 8. _____
9. _____ 10. _____

二、听录音，并改错。(잘 듣고 맞게 고치세요.)

1. 아자씨 _____
2. 지주도 _____
3. 수자 _____
4. 치도 _____
5. 싸자 _____

三、构词练习。(단어를 완성하세요.)

1.

狮子

2.

马车

3.

辣椒

4.

裙子

5.
| ㅏ | ㅓ | ㅣ |

叔叔

6.
| ㅏ | ㅏ |

咸

四　参照所给的中文词组词。(다음을 완성하세요.)

1. 马车　　2. 济州岛　　3. 裙子　　4. 辣椒

1.
| | 차 |
| 부 | |

2.
| | 아 | |
| 제 | | 도 |

3.
| | 마 |
| 즈 | |

4.
| | 래 |
| 추 | |

五　看图完成对话。(그림을 보고 대화를 완성하세요.)

_____

六 选择正确答案。(맞는 답을 고르세요.)

작은 (　　)가 더 맵다. (小辣椒更辣——人不可貌相，海水不可斗量。)

① 배　　② 고추　　③ 도토리　　④ 파　　⑤ 무

＜补充单词 보충단어＞

차비　　　　(名)　　　　车费
소리　　　　(名)　　　　声音

第6课 辅音 자음

【学习重点】
1. 辅音 "ㄱ, ㅋ, ㄲ, ㅎ" 的发音方法。
2. 书写方法
3. 基本单词

〈发音 point〉

一、发音方法。(발음 방법.)

1. ㄱ〔k〕(g)：

发音时，将舌后部向上抬起，舌根接触软腭阻住气流，然后放开，使气流冲出成音。与汉语拼音(g)〔如：哥(gē)、古(gǔ)、国(guó)等字的声母〕发音相似。

2. ㅋ〔k'〕(k)：

发音时，部位与松音<ㄱ>相同，只是气流更强些，要送气。与汉语拼音(k)〔如：科(kē)、苦(kǔ)、口(kǒu)等字的声母〕发音相近。

3. ㄲ〔k'〕：

发音时，部位与松音<ㄱ>相同。但发<ㄲ>时需将声门紧闭，使气流在喉头受阻，然后冲破声门而出。由于汉语中没有与之相似的发音，所以学习起来有一定难度。

4. ㅎ〔h〕：

发音时，使气流从软腭后的声门中挤出，磨擦成音。与汉语拼音(h)〔如：喝(hē)、海(hǎi)等字的声母〕发音相似，发音部位比汉语拼音(h)更靠后。

辅音分类常识

1. 按照发音部位分类：发音部位在双唇的叫双唇音；在舌尖发音的叫舌尖音；在舌面前部发音的叫舌面前音；在舌面后部发音的叫舌面后音；在喉头发音的叫喉音。

2. 按照发音方法分类：发音时气流冲开形成阻碍的发音器官的，叫破裂音（或叫爆破音）；发音时从发音器官的空隙中挤出的摩擦声叫擦音；发音时气流从鼻腔泄出的叫鼻音；发音时气流经过舌尖轻轻弹动一下而发出的叫闪音；发音时气流经过舌头两侧泄出的叫边音。

3. 按照发音时挤喉与否、送气与否分类：发音时挤喉的称紧音；不挤喉的称松音；送气的称送气音。

二 跟读。(잘 듣고 따라 읽으세요.)

1. 거 … 그   2. 깨 … 개   3. 회 … 휘
4. 괴 … 게   5. 께 … 꺼   6. 헤 … 흐
7. 해 … 헤   8. 허 … 후   9. 끄 … 거
10. 꺼 … 그   11. 커 … 캐   12. 크 … 케
13. 귀 … 기   14. 게 … 께   15. 코 … 쿠

三 跟读。(잘 듣고 따라 읽으세요.)

1. 구두   2. 가수   3. 까치
4. 코끼리   5. 코   6. 카메라
7. 호수   8. 휴지   9. 주다
10. 토끼   11. 카드   12. 기차

四 听录音，选择正确答案。(잘 듣고 맞는 것을 고르세요.)

1. ① 까수   ② 카수   ③ 가   ④ 거수   ⑤ 가수
2. ① 가치   ② 까지   ③ 까치   ④ 카치   ⑤ 가찌
3. ① 구뚜   ② 구두   ③ 꾸두   ④ 쿠두   ⑤ 꾸뚜
4. ① 고끼리 ② 코끼리 ③ 꼬기리 ④ 꼬끼리 ⑤ 코키리
5. ① 가메라 ② 까메라 ③ 하메라 ④ 키메라 ⑤ 카메라
6. ① 코수   ② 고수   ③ 호수   ④ 꼬수   ⑤ 오수

〈词汇 check〉

一　书写练习。(쓰기 연습.)

ㄱ	ㄱ	ㄱ						
ㅋ	ㅋ	ㅋ						
ㄲ	ㄲ	ㄲ						
ㅎ	ㅎ	ㅎ						

二　书写练习。(쓰기 연습).

	ㅏ	ㅓ	ㅗ	ㅜ	ㅣ	ㅡ	ㅐ	ㅔ	ㅚ	ㅟ
가	가	거	고	구	기	그	개	게	괴	귀
카	카									
까	까									
하	하									

三　书写练习。(쓰기 연습.)

구두	구두	구두			
가수	가수	가수			
까치	까치	까치			
코	코	코			
코끼리	코끼리	코끼리			
카메라	카메라	카메라			
호수	호수	호수			
휴지	휴지	휴지			
주다	주다	주다			
토끼	토끼	토끼			
기차	기차	기차			

● 〈理解 exercise〉

一 看图，选择正确答案。(그림을 보고 맞는 것을 골라 쓰세요.)

> 구두　　기차　　코끼리　　토끼　　까치　　카메라

1.

_____

2.

_____

3.

_____

4.

_____

5.

_____

6.

_____

二 听录音，写出正确答案。(잘 듣고 맞는 답을 쓰세요.)

1. (　　)수
2. (　　)치
3. (　　)수
4. (　　)지

三 听写。(잘 듣고 쓰세요.)

1. _____
2. _____

3. _____
4. _____
5. _____
6. _____

四 看图，选择正确答案。(그림을 보고 맞는 것을 골라 쓰세요.)

> 중국 신문요.   신문 주세요.   어느 신문요?

1.

2.

3.

_____   _____   _____

〈补充单词 보충단어〉

카드	(名)	卡
쿠키	(名)	曲奇饼干
해	(名)	太阳

综合练习1 종합연습1

题号	一	二	三	四	五	六	满分 总 点
分值	10	20	30	20	10	10	100
得分							

一 书写练习。(쓰기 연습.) (10分)

	ㅏ	ㅓ	ㅗ	ㅜ	ㅣ	ㅡ	ㅐ	ㅔ	ㅚ	ㅟ
ㅂ	바	버	보	부	비	브	배	베	뵈	뷔
ㅍ										
ㅃ										
ㅁ										
ㄷ										
ㅌ										
ㄸ										
ㄴ										
ㄹ										
ㅈ										
ㅊ										
ㅉ										
ㅅ										
ㅆ										

二 听录音，选择正确答案。(잘 듣고 맞는 것을 고르세요.) (20分)

1. ① 다리　② 타리　③ 따리　④ 짜리　⑤ 차리
2. ① 라지오　② 나지오　③ 라찌오　④ 라디오　⑤ 라띠오
3. ① 도마도　② 토마토　③ 도마토　④ 토마도　⑤ 또마토
4. ① 고치　② 고추　③ 고채　④ 고주　⑤ 고처

5. ① 토토리 ② 토도리 ③ 토다리 ④ 도타리 ⑤ 도토리
6. ① 바지   ② 빠지   ③ 바치   ④ 바찌   ⑤ 빠치
7. ① 채마   ② 지마   ③ 치마   ④ 차마   ⑤ 추마
8. ① 제주도 ② 지주도 ③ 치주도 ④ 차주도 ⑤ 채주도
9. ① 차다   ② 자다   ③ 싸다   ④ 짜다   ⑤ 치다
10. ① 아자씨 ② 아저씨 ③ 아치씨 ④ 아짜씨 ⑤ 아주씨

三、听写。(잘 듣고 쓰세요.) (30分)

1. _____   2. _____
3. _____   4. _____
5. _____   6. _____
7. _____   8. _____
9. _____   10. _____

四、单词填空。(빈 칸에 맞은 단어를 쓰세요.) (20分)

单词	
横 (가로)	竖 (세로)
① 西红柿	① 橡子
② 裙子	② 马车
③ 裤子	③ 地球
④ 跟随，随着	④ 收音机
⑤ 黄瓜	⑤ 桥；腿
⑥ 国家	⑥ 蝴蝶

①				②	②		③	③	
①토	마	토							
		④	④라		⑤			⑥	⑥
			디						
			⑤오						

五 选择正确答案。(대화를 완성하세요.) (10分)

> 감사합니다.   안녕하세요?   저예요.
> 커피 주세요.   또 만나요.

1. ㄱ: 안녕하세요?
   ㄴ: (   ), 만나서 반가워요.
2. ㄱ: 어서 오세요.
   ㄴ: (   )
   ㄱ: 네, 알겠습니다.
3. ㄱ: 이거 드세요.
   ㄴ: (   )
4. ㄱ: 누구세요?
   ㄴ: (   )
5. ㄱ: 안녕히 계세요.
   ㄴ: (   )

六 选词填空。(맞는 것을 골라 쓰세요.) (10分)

> 어   뛰   고추   아   배   따라

1. (   ) 다르고 (   ) 다르다.
2. (   ) 보다 배꼽이 더 크다.
3. 친구 (   ) 강남 간다.
4. (   ) 는 놈 위에 (   ) 는 놈 있다.
5. 작은 (   ) 가 더 맵다.

第7课 元音 모음

【学习重点】

1. 元音 ㅑ, ㅕ, ㅛ, ㅠ, ㅒ, ㅖ的发音方法。
2. 书写方法
3. 基本单词

〈发音 point〉

一 发音方法。(발음 방법.)

1. ㅑ〔ja〕:
   发音时，先发半元音(j)，然后迅速滑向单元音<ㅏ>，即成为复合元音<ㅑ>。与汉语中的(ya)相似。

2. ㅕ〔jə〕:
   发音时，先发半元音(j)，然后迅速滑向单元音<ㅓ>，即成为复合元音<ㅕ>。汉语中没有与它相似的发音。

3. ㅛ〔jo〕:
   发音时，先发半元音(j)，然后迅速滑向单元音<ㅗ>，即成为复合元音<ㅛ>。汉语中没有与它相似的发音。

4. ㅠ〔ju〕:
   发音时，先发半元音(j)，然后迅速滑向单元音<ㅜ>，即成为复合元音<ㅠ>。汉语中没有与它相似的发音。

5. ㅒ〔jɛ〕:
   发音时，先发半元音(j)，然后迅速滑向单元音<ㅐ>，即成为复合元音<ㅒ>。<ㅒ>的使用频率不高。

6. ㅖ〔je〕:
   发音时，先发半元音(j)，然后迅速滑向单元音<ㅖ>，即成为复合元音<ㅖ>。<ㅖ>仅在一部分单词中使用，实际发音时一般都发<ㅖ>音。

二 跟读。(잘 듣고 따라 읽으세요.)

1. 야 … 여　　2. 요 … 오　　3. 규 … 겨
4. 얘 … 애　　5. 쟤 … 재　　6. 혜 … 에
7. 계 … 게　　8. 례 … 레　　9. 혜 … 헤
10. 규 … 구　　11. 여 … 녀　　12. 려 … 녀
13. 교 … 갸　　14. 효 … 쇼　　15. 뇨 … 료

三 跟读。(잘 듣고 따라 읽으세요.)

1. 주야　　2. 여자　　3. 시야
4. 야구　　5. 소녀　　6. 겨우
7. 묘비　　8. 요리　　9. 유리
10. 뉴스　　11. 야자　　12. 차례
13. 세계　　14. 시계　　15. 차표

四 听录音，选择正确答案。(잘 듣고 맞는 것을 고르세요.)

1. ① 야자　② 여자　③ 애자　④ 이자　⑤ 예자
2. ① 여구　② 야꾸　③ 야구　④ 예구　⑤ 유구
3. ① 뇨리　② 요리　③ 유리　④ 뉴리　⑤ 툐리
4. ① 세개　② 시캐　③ 세계　④ 시계　⑤ 시개
5. ① 차료　② 차예　③ 차녜　④ 차려　⑤ 차례
6. ① 유스　② 류스　③ 뉴스　④ 누쓰　⑤ 뮤쓰

〈词汇 check〉

一 书写练习。(쓰기 연습.)

元音 ㅑ, ㅕ, ㅛ, ㅠ, ㅒ, ㅖ 也和单元音一样，书写成文字时须在它的左侧或上方加一个字母ㅇ。

ㅑ: ㅇ … 이 … 아 … 야

ㅕ: ㅇ … ㅇ … ㅇ … 여

ㅛ: ㅇ … ㅇ … 요 … 요

40

第7课　元音

ㅠ: ㅇ … ㅡ … 우 … 유
ㅑ: ㅇ … 이 … 아 … 야 … 얘
ㅖ: ㅇ … ㆍ … ㆍ … 여 … 예

ㅑ	ㅑ	ㅑ							
ㅕ	ㅕ	ㅕ							
ㅛ	ㅛ	ㅛ							
ㅠ	ㅠ	ㅠ							
ㅒ	ㅒ	ㅒ							
ㅖ	ㅖ	ㅖ							

二　书写练习。(쓰기 연습.)

야	야	야							
여	여	여							
요	요	요							
유	유	유							
얘	얘	얘							
예	예	예							

三　书写练习。(쓰기 연습.)

야구	야구	야구						
야자	야자	야자						
여자	여자	여자						
소녀	소녀	소녀						
요리	요리	요리						
차표	차표	차표						
뉴스	뉴스	뉴스						

（续）

시계	시계	시계					
여기	여기	여기					
주야	주야	주야					
차례	차례	차례					
세계	세계	세계					
예보	예보	예보					

● 〈理解 exercise〉

一 参照例子构词。(단어를 완성하세요.)

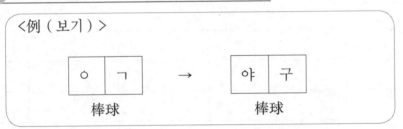

1.
椰子

2.
女子

3.
昼夜

4.
顺序

5.
世界

6.
预报

二. 听写。(잘 듣고 쓰세요.)

1. _____
2. _____
3. _____
4. _____
5. _____
6. _____

三. 参照例子组词。(다음을 완성하세요.)

<例(보기)>
    1. 皮鞋   2. 少女   3. 椰子   4. 火车

1.
야	
	두

2.
녀	
	리

3.
주	
	자

4.
기	
	표

四. 看图选择正确答案。(그림을 보고 맞는 것을 골라 쓰세요.)

안 멀어요. 가까워요.   중국대사관이 멀어요?

1.
_____

2.
_____

五 选择正确答案。(맞는 것을 고르세요.)

울며 (　　　) 먹기. (哭着吃芥末——赶鸭子上架。)

① 야자　　② 요리　　③ 겨자　　④ 고추　　⑤ 도토리

〈补充单词 보충단어〉

주야	(名)	昼夜
차례	(名)	次序
세계	(名)	世界
예보	(名)	预报

第8课 元音 모음

【学习重点】
1. 元音 "ㅘ, ㅙ, ㅝ, ㅞ, ㅢ" 的发音方法。
2. 书写方法
3. 基本单词

〈发音 point〉

一、发音方法。(발음 방법)

1. ㅘ〔wa〕：
   发音时，先发半元音(w)，然后迅速滑向单元音<ㅏ>，即成为复合元音<ㅘ>。

2. ㅙ〔wɛ〕：
   发音时，先发半元音(w)，然后迅速滑向单元音<ㅐ>，即发成复合元音<ㅙ>。汉语中没有与它相似的发音。

3. ㅝ〔wə〕：
   发音时，先发半元音(w)，然后迅速滑向单元音<ㅓ>，即成为复合元音<ㅝ>。

4. ㅞ〔we〕：
   发音时，先发半元音(w)，然后迅速滑向单元音<ㅔ>，即成为二合元音<ㅞ>。汉语中没有与它相似的发音。

5. ㅢ〔ɰi〕：
   发音时，先发单元音<ㅡ>，然后快速滑向单元音<ㅣ>，即成为<ㅢ>。它在实际运用中会产生某些音变，本书后续将做具体说明。

二 跟读。(잘 듣고 따라 읽으세요.)

    1. 워 … 와   2. 의 … 이   3. 과 … 꽈 … 콰

    4. 쏴 … 좌   5. 늬 … 니   6. 쇄 … 쉐 … 쇠

    7. 씌 … 시   8. 왜 … 웨   9. 희 … 히 … 헤

    10. 홰 … 훼   11. 돼 … 되   12. 뭐 … 머 … 메

    13. 뒈 … 되   14. 봐 … 바   15. 줴 … 제 … 죄

三 跟读。(잘 듣고 따라 읽으세요.)

    1. 과자   2. 기와   3. 둬두다   4. 돼지

    5. 쾌차   6. 궤도   7. 의사   8. 의자

    9. 산토끼   10. 사과   11. 회의   12. 꽈리

四 听录音,选择正确答案。(잘 듣고 맞는 것을 고르세요.)

    1.① 개와   ② 기워   ③ 기와   ④ 기화   ⑤ 귀워

    2.① 과자   ② 꽈자   ③ 귀자   ④ 가짜   ⑤ 귀자

    3.① 둬누다 ② 둬두다 ③ 나둬다 ④ 놔두다 ⑤ 더두나

    4.① 때지   ② 대찌   ③ 대지   ④ 돼지   ⑤ 뙈지

    5.① 이사   ② 위사   ③ 의사   ④ 에사   ⑤ 리사

    6.① 궤도   ② 귀도   ③ 게또   ④ 꿰또   ⑤ 귀도

〈词汇 check〉

一 书写练习。(쓰기 연습.)

复合元音单独自成音节时,和其他元音一样,一定要在其左上方加一个字母ㅇ,以使文字完整。笔顺如下:

    ㅘ:ㅇ … ㅇ … 오 … 외 … 와

    ㅙ:ㅇ … ㅇ … 오 … 외 … 와 … 왜

    ㅝ:ㅇ … 으 … 우 … 웅 … 워

    ㅞ:ㅇ … 으 … 우 … 웅 … 워 … 웨

    ㅢ:ㅇ … 으 … 의

과	과	과							
괘	괘	괘							
궈	궈	궈							
궤	궤	궤							
긔	긔	긔							

二 书写练习。(쓰기 연습.)

와	와	와							
왜	왜	왜							
워	워	워							
웨	웨	웨							
의	의	의							

三 书写练习。(쓰기 연습.)

과자	과자	과자				
기와	기와	기와				
둬두다	둬두다	둬두다				
뭐	뭐	뭐				
돼지	돼지	돼지				
쾌차	쾌차	쾌차				
궤도	궤도	궤도				
의사	의사	의사				
의자	의자	의자				
사과	사과	사과				
회의	회의	회의				
스웨터	스웨터	스웨터				
웨이터	웨이터	웨이터				

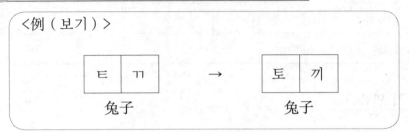

〈理解 exercise〉

一 参照例子完成单词。(단어를 완성하세요.)

<例（보기）>

| ㅌ | ㄲ | → | 토 | 끼 |

兔子　　　　　　兔子

1.
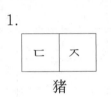
猪

2.
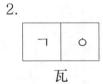
瓦

3.
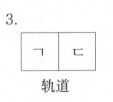
轨道

4.
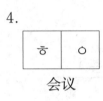
会议

5.
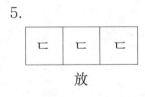
放

6.

椅子

二 参照例子写出答案。(다음을 완성하세요.)

<例（보기）>

ㅇ/ㅈ/ㅑ/ㅏ/ = (　야자　) 椰子

1. ㄱ/ㅈ/ㅘ/ㅏ = (　　　　　) 饼干
2. ㅇ/ㅈ/ㅓ/ㅏ = (　　　　　) 椅子
3. ㅋ/ㅊ/ㅐ/ㅏ = (　　　　　) 痊愈
4. ㅅ/ㄱ/ㅏ/ㅘ = (　　　　　) 苹果
5. ㅅ/ㅇ/ㅌ/ㅡ/ㅔ/ㅓ= (　　　　　　) 毛衣
6. ㄷ/ㅓ/ㄷ/ㅜ/ㄷ/ㅏ = (　　　　　　) 放

48

第 8 课　元音

三　听写。(잘 듣고 쓰세요.)

1. _____
2. _____
3. _____
4. _____
5. _____
6. _____

四　参照所给的中文词组词。(맞는 답을 쓰세요.)

1. 饼干　2. 毛衣　3. 医生　4. 痊愈

1.
사	
	자

2.
스		터
	이	
	터	

3.
	사
자	

4.
쾌	
	표

五　看图完成对话。(그림을 보고 대화를 완성하세요.)

1.

_____

2.

_____

<补充单词 보충단어>

사과	（名）	苹果
회의	（名）	会议
스웨터	（名）	毛衣
웨이터	（名）	服务员

第9课 收음 받침

【学习重点】
1. 收音 "ㄱ, ㄴ, ㄷ, ㄹ, ㅁ, ㅂ, ㅇ" 的发音方法。
2. 书写方法
3. 基本单词

〈发音 point〉

一 发音方法。(발음 방법.)

　　韩国语的辅音既可以出现于元音前面，也可以出现于元音后面，同元音一起构成音节。在一个音节中，出现于元音后面的辅音，叫做"收音"，其中有收音的音节叫"闭音节"，没有收音的音节叫"开音节"。
　　韩国语的辅音字母除了〔ㄸ〕〔ㅃ〕〔ㅉ〕以外均可以做收音。此外还有两个辅音组合做收音的情况。但在实际发音中，所有的收音只发"ㄱ, ㄴ, ㄷ, ㄹ, ㅁ, ㅂ, ㅇ"七种音。

1. ㄱ [k]：
发音时，舌根贴紧软腭，堵住气流不使其爆破而成音，此音也可以称之为<ㄱ>的内塞音。

2. ㄴ [n]：
发音时，用舌尖抵住上齿，同时使气流通过鼻腔而成音，与汉语拼音声母(n)发音相似。

3. ㄷ [t]：
发音时，用舌尖抵住上齿，使气流完全被舌尖阻塞而成音。

4. ㄹ [l]：
发音时，舌尖抵住上齿，使气流擦过舌两侧而成音。发音时舌尖不能卷起来，注意不要发成汉语的"儿化音"。

5. ㅁ [m]：
发音时，双唇紧闭，使气流通过鼻腔泄出而成音。普通话中虽然没有与其相近的音，但由于发音方法比较直观，所以并不难模仿。

> 6. ㅂ [p]：
> 发音时，双唇紧闭，使气流完全在双唇内被阻塞而成音。<ㅂ>在元音前发音时，双唇要发爆破音，而做收音时则与之相反，要在双唇内阻塞成音。
>
> 7. ㅇ [ŋ]：
> 在韩国语中，这个符号只有做收音时才是字母，此外都相当于文字装饰。做收音发音时，将气流堵在舌根与软腭之间，然后使气流通过鼻腔而成音。也与汉语拼音的韵母(-ng)发音相似。

二 跟读。(잘 듣고 따라 읽으세요.)

1. 막 … 맥　　　2. 간 … 갇　　　3. 물 … 믈
4. 별 … 벨　　　5. 숨 … 쉼　　　6. 착 … 책
7. 탈 … 털　　　8. 헴 … 헴　　　9. 흘 … 흗
10. 딱 … 땅　　11. 검 … 금　　12. 답 … 담
13. 걷 … 글　　14. 밥 … 밤　　15. 앙 … 압

三 跟读。(잘 듣고 따라 읽으세요.)

1. 국　　　　　2. 목　　　　　3. 눈
4. 문　　　　　5. 걷다　　　　6. 굳다
7. 밀　　　　　8. 달　　　　　9. 마음
10. 남　　　　 11. 밥　　　　 12. 입
13. 공장　　　 14. 강　　　　 15. 학교

四 听录音，选择正确答案。(잘 듣고 맞는 것을 고르세요.)

1. ①굳　②국　③굽　④군　⑤굼
2. ①눈　②눕　③늣　④놓　⑤난
3. ①것다　②젇다　③걷다　④겉다　⑤겁다
4. ①단　②답　③담　④닥　⑤달
5. ①낙　②낟　③낯　④남　⑤납
6. ①박　②밥　③밤　④밧　⑤밭

第9课 收音

‹词汇 check›

一 书写练习。(쓰기 연습.)

```
악: ㅇ … 아 … 악        알: ㅇ … 아 … 알
안: ㅇ … 아 … 안        압: ㅇ … 아 … 압
앋: ㅇ … 아 … 앋        앙: ㅇ … 아 … 앙
```

악	악	악							
안	안	안							
앋	앋	앋							
알	알	알							
압	압	압							
앙	앙	앙							

二 书写练习。(쓰기 연습.)

국	국	국							
목	목	목							
눈	눈	눈							
문	문	문							
걷다	걷다	걷다							
굳다	굳다	굳다							
밀	밀	밀							
달	달	달							
마음	마음	마음							
밥	밥	밥							
공장	공장	공장							
강	강	강							

〈理解 exercise〉

一 参照例子构词。（단어를 완성하세요.）

<例（보기）>

이 → 입
嘴　　嘴

1.
| 구 |
汤

2.
| 누 |
眼睛

3.
| 다 |
月亮

4.
| ㅓ | 다 |
走路

5.
| 마 | 으 |
心

6.
| 고 | 자 |
工厂

二 参照例子写出答案。（다음을 완성하세요.）

<例（보기）>
ㅁ/ㅗ/ㄱ = (목) 脖子

1. ㅁ/ㅜ/ㄴ = (　　　) 门
2. ㄱ/ㅜ/ㄷ/ㄷ/ㅏ = (　　　) 硬
3. ㅁ/ㅣ/ㄹ = (　　　) 小麦
4. ㅁ/ㅏ/ㅇ/ㅡ/ㅁ = (　　　) 心
5. ㄴ/ㅏ/ㅁ = (　　　) 别人
6. ㄱ/ㅏ/ㅇ = (　　　) 江，河

三 听写。(잘 듣고 쓰세요.)

1. _____
2. _____
3. _____
4. _____
5. _____
6. _____

四 看图完成对话。(그림을 보고 대화를 완성하세요.)

1.

2.

_____   _____

五 选择正确答案。(맞는 것을 고르세요.)

( )든 ( )이 무너지랴?
(下功夫堆起来的塔能倒塌吗?——功夫不负有心人。)

①잠,산   ②공,탑   ③맞,돌   ④먹,떡   ⑤날,눈

第10课 收音 받침

【学习重点】
1. 收音ㅅ, ㅈ, ㅊ, ㅋ, ㅌ, ㅍ, ㅎ, ㄲ, ㅆ的发音方法。
2. 书写方法
3. 基本单词

〈发音 point〉

一 发音方法。(발음 방법.)

1. ㅅ, ㅈ, ㅊ, ㅌ, ㅎ, ㅆ [t]:
ㅅ, ㅈ, ㅊ, ㅌ, ㅎ, ㅆ等辅音虽然发音各不相同，但做收音时其发音均为 [ㄷ]。
例如，"낫, 낮, 낯, 낱, 낳, 났"等字虽然写法各异，意思也不同，但发音均为 [낟]。

2. ㅋ, ㄲ [k]:
ㅋ, ㄲ做收音时发音均为 [ㄱ]。
例如: 부엌 … [부억], 동녘 … [동녁], 밖 … [박], 깎다 … [깍따] 等。

3. ㅍ [p]:
ㅍ做收音时其发音与收音ㅂ的发音完全相同。
例如: 앞 … [압], 잎 … [입], 숲 … [숩] 等。

二 跟读。(잘 듣고 따라 읽으세요.)

1. 빗 … 벗   2. 녘 … 닉   3. 넣 … 넷
4. 갖 … 간   5. 밑 … 묻   6. 돛 … 덧
7. 닿 … 덛   8. 빛 … 벤   9. 솥 … 숯
10. 깊 … 집   11. 놓 … 놀   12. 옆 … 잎
13. 었 … 있   14. 닻 … 덧   15. 짚 … 집

三 跟读。(잘 듣고 따라 읽으세요.)

1. 숲 … 숲이   2. 꽃 … 꽃을   3. 끝 … 끝에
4. 있다 … 있어 5. 늦다 … 늦어 6. 깎다 … 깎아
7. 좋다 … 좋아 8. 부엌 … 부엌에

四 听录音，选择正确答案。(잘 듣고 맞는 것을 고르세요.)

1. ① 낮이 ② 낯이 ③ 낫이 ④ 넛이 ⑤ 넛이
2. ① 숲   ② 잎   ③ 옆   ④ 곁   ⑤ 앞
3. ① 놓다 ② 넣다 ③ 닿다 ④ 돈다 ⑤ 낳다
4. ① 했   ② 헛   ③ 흘   ④ 홑   ⑤ 핫
5. ① 갔다 ② 걷다 ③ 곧다 ④ 겠다 ⑤ 겠다

〈词汇 check〉

一 书写练习。(쓰기 연습.)

앗: ㅇ … 아 … 앗
낮: ㄴ … 나 … 낮
녘: ㄴ … 녀 … 녘
팥: ㅍ … 파 … 팥
닿: ㄷ … 다 … 닿
잎: ㅇ … 이 … 잎

앗	앗	앗							
낮	낮	낮							
녘	녘	녘							
팥	팥	팥							
닿	닿	닿							

二　书写练习。(쓰기 연습.)

꽃	꽃	꽃					
맛	맛	맛					
낫	낫	낫					
밖	밖	밖					
옆	옆	옆					
탓	탓	탓					
쌓다	쌓다	쌓다					
좋다	좋다	좋다					
같다	같다	같다					
잊다	잊다	잊다					
웃다	웃다	웃다					
있다	있다	있다					
겉	겉	겉					

〈理解 exercise〉

一　听录音，选择正确收音。(잘 듣고 맞는 받침을 골라 쓰세요.)

　　　　　ㅅ　ㅈ　ㅊ　ㅌ　ㅎ　ㅆ

1.　　　　　　　　　2.　　　　　　　　3.
| 나 | | | | 거 | | | 조 | 다 |
白天　　　　　　　　外面　　　　　　　　好

4.　　　　　　　　　5.
| 싸 | 다 | | | 가 | 다 |
堆、积　　　　　　　相同

二、 听写。(잘 듣고 쓰세요.)

1. _____
2. _____
3. _____
4. _____
5. _____
6. _____

三、 参照例子构词。(단어를 완성하세요.)

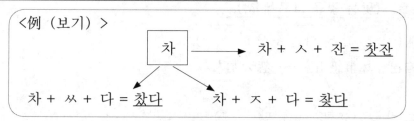

1. 이 → 이+ㅅ+다 = _____
   이+ㅆ+다 = _____   이+ㅈ+다 = _____

2. 가 → 가+ㅅ = _____
   가+ㅆ+다 = _____   가+ㅈ+다 = _____

3. 해
   해+ㅆ+다 = _____   해+ㅅ+벼+ㅌ = _____

四 看图写单词。(그림을 보고 맞는 단어를 쓰세요.)

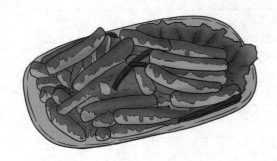 

1. (　　　)이 있습니까?　　　　2. (　　　)이 예쁩니다.

五 选择正确答案。(맞는 것을 고르세요.)

잘 되면 제 (　　　), 못 되면 조상 (　　　).
(好事归自己，坏事怨祖宗——怨天尤人。)

① 톳　② 텃　③ 탓　④ 닻　⑤ 덧

< 补充单词 보충단어 >

같다	(形)	一样
잊다	(动)	忘
웃다	(动)	笑
있다	(动)	有
겉	(名)	外

第11课 双收音 겹받침

【学习重点】
1. 双收音ㄳ, ㅄ, ㄵ, ㄺ, ㄾ的发音方法。
2. 书写方法
3. 基本单词

〈发音 point〉

一 发音方法。(발음 방법.)

由两个辅音组成的收音叫做双收音，发音时只发其中的一个代表音。下面详细说明双收音的发音方法。

1. ㄳ〔k〕：
双收音ㄳ，不发〔ㅅ〕音而只发〔ㄱ〕音。
例如：〔몫〕〔넋〕的发音为〔목〕〔넉〕。

2. ㅄ〔p〕：
双收音ㅄ，不发〔ㅅ〕音而只发〔ㅂ〕音。
例如：〔값〕〔없〕的发音为〔갑〕〔업〕。

3. ㄵ〔n〕：
双收音ㄵ，不发〔ㅈ〕音而只发〔ㄴ〕音。
例如：〔앉다〕〔언다〕实际发音为〔안따〕〔언따〕。

4. ㄺ〔l〕：
双收音ㄺ，不发〔ㅅ〕音而只发〔ㄹ〕音。
例如：〔곬〕的实际发音为〔골〕。

5. ㄾ〔l〕：
双收音ㄾ，不发〔ㅌ〕音而只发〔ㄹ〕音。
例如：〔핥다〕〔훑다〕的实际发音为〔할따〕〔훌따〕。

二 跟读。(잘 듣고 따라 읽으세요.)

1. 삯 … 삭 … 삿   2. 몫 … 목 … 못
3. 값 … 갑 … 갓   4. 없 … 업 … 엇
5. 앉 … 안 … 앚   6. 얹 … 언 … 엊
7. 곬 … 골 … 곳   8. 넋 … 넉 … 넛
9. 훑 … 훌 … 훝   10. 핥 … 할 … 핱

三 跟读。(잘 듣고 따라 읽으세요.)

1. 몫이 … 목이   2. 삯을 … 싹을   3. 값에 … 갑에
4. 없다 … 없어   5. 앉다 … 앉아   6. 얹다 … 얹어
7. 곬이 … 곬에   8. 훑다 … 훑어   9. 핥다 … 핥아

四 听录音，选择正确答案。(잘 듣고 맞는 것을 고르세요.)

1. 곬이 (　　)
　① 고시　② 골시　③ 공시　④ 곰시　⑤ 골이
2. 앉다 (　　)
　① 안타　② 암타　③ 안따　④ 안다　⑤ 암다
3. 삯에 (　　)
　① 삭세　② 사세　③ 삭에　④ 삭쎄　⑤ 삭씨
4. 훑다 (　　)
　① 후따　② 훈타　③ 훈따　④ 훌따　⑤ 훌타
5. 값에 (　　)
　① 갑에　② 갑세　③ 갑쎄　④ 갑씨　⑤ 갑이

〈词汇 check〉

一 书写练习。(쓰기 연습.)

삯: ㅅ … 사 … 삭 … 삯
값: ㄱ … 가 … 갑 … 값
앉: ㅇ … 아 … 안 … 앉

第11课 双收音

곬: ㄱ … 고 … 골 … 곬
핥: ㅎ … 하 … 할 … 핥

삯	삯	삯							
값	값	값							
앉	앉	앉							
곬	곬	곬							
핥	핥	핥							

二　书写练习。(쓰기 연습.)

몫	몫	몫				
넋	넋	넋				
없다	없다	없다				
앉다	앉다	앉다				
얹다	얹다	얹다				
핥다	핥다	핥다				
훑다	훑다	훑다				

〈理解 exercise〉

一　听录音，填写正确答案。(잘 듣고 맞는 받침을 골라 쓰세요.)

> 몫에 삯을 값에 값이 갔다
> 없이 앉아 앉다 훑다 읽다

1. _____   2. _____
3. _____   4. _____
5. _____   6. _____
7. _____   8. _____

二　听录音，改错。(잘 듣고 맞게 고치세요.)

　　1. 갑시 비싸요.　_____

　　2. 책을 일거요.　_____

　　3. 삭시 얼마예요?　_____

　　4. 여기에 안자요.　_____

　　5. 빵이 업서요.　_____

三　参照例子构词。(단어를 완성하세요.)

<例 (보기)>
　　ㄱ + ㅏ + ㅄ =(값) 价钱

1. ㅅ + ㅏ + ㄳ = (　　　　) 工钱
2. ㅁ + ㅗ + ㄳ = (　　　　) 份
3. ㄱ + ㅗ + ㄺ = (　　　　) 山谷
4. ㄴ + ㅓ + ㄳ = (　　　　) 灵魂
5. ㅇ + ㅓ + ㅄ + ㄷ + ㅏ = (　　　　) 没有
6. ㅇ + ㅓ + ㄵ + ㄷ + ㅏ = (　　　　) 往上放, 搁
7. ㅎ + ㅜ + ㄾ + ㄷ + ㅏ = (　　　　) 撸, 捋

四　看图完成对话。(그림을 보고 대화를 완성하세요.)

_____　　　　_____

五　选择正确答案。(맞는 것을 고르세요.)

핑계 (　　　　) 무덤 (　　　　　). (存心要回避，不怕没借口。)

① 있는 - 있다　② 있는 - 없다　③ 없는 - 있다　④ 없는 - 없다

第12课 双收音 겹받침

【学习重点】

1. 双收音ㄻ, ㄺ, ㄼ, ㄿ, ㄶ, ㅀ的发音方法。
2. 书写方法
3. 基本单词

<发音 point>

一 发音方法。(발음 방법.)

1. ㄻ[m]：
   双收音ㄻ, 只发右边的〔ㅁ〕音而不发左边的〔ㄹ〕音。
   例如：삶다, 굶다的实际发音为〔삼따〕〔굼따〕。

2. ㄺ[k]：
   双收音ㄺ, 只发右边的〔ㄱ〕音而不发左边的〔ㄹ〕音。
   例如：닭, 흙的实际发音为〔닥〕〔흑〕。

3. ㄼ[p]：
   双收音ㄼ, 一般发左边的〔ㄹ〕音, 例如：여덟发〔여덜〕, 짧다发成〔짤따〕。但有一些词不发左边的〔ㄹ〕音, 而发右边的〔ㅂ〕音。例如：밟다发成〔밥따〕。

4. ㄿ[p]：
   双收音ㄿ, 只发右边的〔ㅍ〕音而不发左边的〔ㄹ〕音, 由于收音ㅍ的发音与〔ㅂ〕相同, 所以实际发音为〔ㅂ〕。
   例如：읊다的实际发音为〔읍따〕。

5. ㄶ[n]：
   双收音ㄶ, 只发左边的〔ㄴ〕音而不发右边的〔ㅎ〕音。但某些辅音在ㄶ后面与之相拼时, 发音会发生变化, 具体变化如下：
   ① 辅音ㄱ, ㄷ, ㅂ, ㅈ在〔ㄶ〕后面时, 其发音为ㅋ, ㅌ, ㅍ, ㅊ。
   ② 辅音ㄴ在ㄶ后面时, ㅎ不发音。
   ③ 元音在ㄶ后面时, ㅎ不发音。

6. ᆶ [ㄹ]：
双收音ᆶ也和ᆭ一样，只发〔ㄹ〕音而不发〔ㅎ〕音。其后面连接的辅音与元音也相应发生变化，其变化规律与ᆭ相同。

二 跟读。(잘 듣고 따라 읽으세요.)

1. 젊 … 절 … 점
2. 닭 … 닥 … 달
3. 넓 … 넙 … 널
4. 읊 … 읍 … 을
5. 많 … 만 … 맏
6. 옳 … 올 … 옹

三 跟读。(잘 듣고 따라 읽으세요.)

1. 옳다 … 옳고 … 옳지 … 옳아 … 옳으니
2. 잃다 … 잃고 … 잃지 … 잃어 … 잃으니
3. 많다 … 많고 … 많지 … 많아 … 많으니
4. 끊다 … 끊고 … 끊지 … 끊어 … 끊으니
5. 닭다 … 닭고 … 닭지 … 닭아 … 닭으니
6. 넓다 … 넓고 … 넓지 … 넓어 … 넓으니
7. 읊다 … 읊고 … 읊지 … 읊어 … 읊으니
8. 늙다 … 늙고 … 늙지 … 늙어 … 늙으니
9. 밝다 … 밝고 … 밝지 … 밝아 … 밝으니
10. 얇다 … 얇고 … 얇지 … 얇아 … 얇으니

四 听录音，选择正确答案。(잘 듣고 맞는 것을 고르세요.)

1. ① 굵어 ② 굼어 ③ 굴거 ④ 굽어 ⑤ 굴어
2. ① 얄아 ② 알바 ③ 얌바 ④ 알바 ⑤ 얇아
3. ① 닭찌 ② 닭지 ③ 달지 ④ 답지 ⑤ 답찌
4. ① 끈꼬 ② 끊코 ③ 끊고 ④ 끔고 ⑤ 끔꼬
5. ① 일따 ② 잃다 ③ 잃타 ④ 일타 ⑤ 일다

<词汇 check>

一 书写练习。(쓰기 연습.)

```
젊 : ㅈ … 저 … 절 … 젊
닮 : ㄷ … 다 … 달 … 닮
닭 : ㄷ … 다 … 달 … 닭
흙 : ㅎ … 흐 … 흘 … 흙
넓 : ㄴ … 너 … 널 … 넓
```

젊	젊	젊						
닮	닮	닮						
닭	닭	닭						
흙	흙	흙						
넓	넓	넓						

二 书写练习。(쓰기 연습.)

끊다	끊다	끊다			
옳다	옳다	옳다			
싫다	싫다	싫다			
굶다	굶다	굶다			
끓다	끓다	끓다			
넓다	넓다	넓다			
괜찮다	괜찮다	괜찮다			
젊은이	젊은이	젊은이			
귀찮다	귀찮다	귀찮다			
훑다	훑다	훑다			

第12课 双收音

〈理解 exercise〉

一 听录音，填写正确答案。(잘 듣고 맞는 단어을 골라 쓰세요.)

젊다　흙　얇다　닮다　귀찮다
훑다　굵다　넓다　싫다　옳다

1. _____　2. _____
3. _____　4. _____
5. _____　6. _____

二 听录音，改错。(잘 듣고 맞게 고치세요.)

1. 절므니가 있습니다. _____
2. 책을 일겄습니다. _____
3. 다리가 굴거요. _____
4. 흘기 많습니다. _____
5. 방이 널씀니다. _____

三 参照例子构词。(단어를 완성하세요.)

<例(보기)>
　　　ㅈ + ㅓ + ㄼ = 젊

1. ㅅ + ㅣ + ㅎ + ㄷ + ㅏ = (　　　　　) 不愿意
2. ㅎ + ㅡ + ㄺ = (　　　　　) 土
3. ㄷ + ㅏ + ㄺ = (　　　　　) 鸡
4. ㄱ + ㅜ + ㄺ + ㄷ + ㅏ = (　　　　　) 粗
5. ㅈ + ㅓ + ㄼ + ㄷ + ㅏ = (　　　　　) 年轻

四 看图完成句子。(그림을 보고 문장을 완성하세요.)

1.

사과가 _____.

2.

아이가 책을 _____.

3.

이것은 _____입니다.

4.

이것은_____입니다.

综合练习2 종합연습2

题号	一	二	三	四	五	六	满分
分值	20	10	20	20	20	10	100
得分							

一、 听写。(잘 듣고 쓰세요.) (20분)

1. _____ 2. _____
3. _____ 4. _____
5. _____ 6. _____
7. _____ 8. _____
9. _____ 10. _____

二、 听录音,选择正确答案。(잘 듣고 맞는 것을 고르세요.) (10분)

1. 相机 (　　　)
   ① 카미라 ② 까메라 ③ 카메라 ④ 카매라 ⑤ 까매라
2. 走路 (　　　)
   ① 걷다 ② 것다 ③ 젇다 ④ 겉다 ⑤ 겁다
3. 坐 (　　　)
   ① 안따 ② 안다 ③ 앋따 ④ 앉다 ⑤ 않다
4. 饿,没吃饭 (　　　)
   ① 굼다 ② 굼따 ③ 굽따 ④ 굴따 ⑤ 굼다
5. 堆,积 (　　　)
   ① 삳다 ② 쌀다 ③ 쌓다 ④ 쌋다 ⑤ 쌓다

三、选择正确的收音，完成单词。(다음 단어를 완성하세요.) (20分)

```
ㄱ ㄴ ㄷ ㄹ ㅁ ㅂ ㅇ ㅅ ㅈ ㅊ ㅋ ㅌ ㅍ ㅎ
ㄲ ㅆ ㄳ ㅄ ㅆ ㄺ ㄽ ㄹㅁ ㄿ ㄼ ㅀ ㄶ
```

1.

鸡

2.

月亮

3.

白天

4.

丢

5.

多

6.

高

7.

年轻

8.
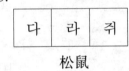
松鼠

9.

相似

10.
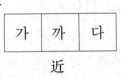
近

四、参照所给的中文词组词。(다음을 완성하세요.) (20分)

```
1.表    2.桥    3.歌词    4.医生    5.毛衣    6.学校
```

1.

2.
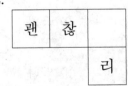

3.
```
　 | 가 |
호 |   |
```

4.
```
　 | 의 |
　 | 람 |
```

5.
```
스 |   | 터
　 | 이 |
　 | 터 |
```

6.
```
대 |   | 원 | 생
　 | 교 |
```

五 选词填空。(알맞은 단어를 골라 쓰세요.) (20分)

| 탑　　과자　　핑계　　겨자　　조상　　사과　　제　　무덤 |

1. 공 든 (　　　　)이 무너지랴?

2. 잘 되면 (　　　　) 탓, 못 되면 (　　　　) 탓.

3. (　　　　) 없는 (　　　　) 없다.

4. 울며 (　　　　) 먹기.

六 完成对话。(대화를 완성하세요.) (10分)

ㄱ: 학교가 멀어요? (学校远吗?)

ㄴ: 아니요, 1.＿＿＿＿＿＿＿＿＿＿. (不, 很近。)

ㄱ: 사람이 적었어요? (人少吗?)

ㄴ: 아니요, 2.＿＿＿＿＿＿＿＿＿＿. (不, 人多。)

第13课 问候 인사

【学习重点】
1. 韩国语寒暄礼节。
2. 韩国语的基本句子结构。
3. -ㅂ니다/습니다
4. -ㅂ니까/-습니까
5. -이다
6. -은/는

〈发音 point〉

一 发音方法。(발음 방법.)

韩国语语音在实际发音过程中，受前后音的影响，会出现各种音变现象。
① 同化音变：收音"ㅂ"后接辅音"ㄴ"时，收音"ㅂ"发成"ㅁ"音。
   例如：입니다 〔임니다〕   입니까 〔임니까〕
② 紧音音变：辅音"ㅅ""ㄱ"或"ㅂ"接在收音"ㄱ"后时，"ㅅ"与"ㄱ""ㅂ"分别发成紧音"ㅆ"和"ㄲ""ㅃ"。
   例如：학생 〔학쌩〕   북경대학 〔북꼉대학〕

二 跟读。(잘 듣고 따라 읽으세요.)

1. 한국 사람입니다.
2. 저는 중국대학교 학생이 아닙니다.
3. 여자는 중국 사람입니까?
4. 안녕하세요? 저는 대학생입니다.
5. 네, 전공은 한국사입니다.

〈词汇 check〉

一 选词填空。(맞는 답을 골라 쓰세요.)

| 저 | -는 | -입니다 | 한국 사람 | -씨 |
| 중국 사람 | | 학생 | | 만나서 |

1. 안녕하세요? (　　　　　　　) 반갑습니다.
2. 네, 저는 왕동 (　　　　　　　).
3. 한국 사람입니까? 아니요, 저는 (　　　　　　　)입니다.
4. 왕동 (　　　　　　　), 안녕하십니까?
5. 저(　　　　) 북경대학 (　　　　　　　)입니다.

〈语法 check〉

一 参照例子写答案。(〈보기〉와 같이 쓰세요.)

1. "-ㅂ니다/-습니다"是陈述式终结词尾。用于谓词词干后，表示一种尊敬或郑重的语气。
   例如: 가다: 가 + ㅂ니다 → 갑니다　먹다: 먹+ 습니다 → 먹습니다
2. "-ㅂ니까/습니까"是疑问式终结词尾。用于谓词词干后，表示一种尊敬或郑重的语气。
   例如: 가다: 가 + ㅂ니까? → 갑니까?
   　　　먹다: 먹+ 습니까? → 먹습니까?
   〈例 (보기)〉　보다　→　봅니다　→　봅니까

1. 오다　　→　　　　　　　→
2. 만나다　→　　　　　　　→
3. 하다　　→　　　　　　　→
4. 쓰다　　→　　　　　　　→
5. 듣다　　→　　　　　　　→
6. 읽다　　→　　　　　　　→

7. 좋다　　　　→　　　　　　　　　　→
8. 재미있다　→　　　　　　　　　　→
9. 공부하다　→　　　　　　　　　　→
10. 숙제하다　→　　　　　　　　　　→

二 参照例子写答案。(〈보기〉와 같이 완성하세요.)

> 添意助词"은/는"接于体词后表示它是所陈述的主体。体词为开音节结尾时用"는",体词为闭音节结尾时用"은"。
> 〈例(보기)〉 나 : 나 + 는 → 나는
> 　　　　　　사람 : 사람 + 은 → 사람은

1. 저 _____ 왕동입니다.
2. 학생 _____ 중국 사람입니다.
3. 전공 _____ 한국사입니다.
4. 나 _____ 학생입니다.
5. 여자 _____ 선생님입니다.

三 参照例子完成句子。(〈보기〉와 같이 완성하세요.)

> <韩国语基本句子结构>
> 韩国语与汉语的语序不同,韩国语一般是"主语+宾语+动词"(SOV)语序。在韩国语的句子中,体词后面接助词"는",谓词[1]后面接词尾"-ㅂ니다/-습니다"。
> 〈例(보기)〉　　나　신문　보다
> 　　　　　　　→ 나는　신문을　봅니다.

1. 나 학생 이다　　　　　　　　2. 왕룽 대학생 이다?
　→　　　　　　　　　　　　　　→

---
[1] 谓词,含动词、形容词。

3. 아버지 회사 다니다

→

4. 신문 재미있다

→

5. 진문수 씨 중국 사람 이다

→

6. 전공 경영학 이다

→

● <理解 exercise>

一 听录音判断下列句子的对错，对的请画○，错的请画×。(잘 듣고 맞으면 ○, 다르면 ×표를 하세요.)

1. 진수 씨는 서울대학교 학생입니다.　　(　　)
2. 리리 씨는 회사원이 아닙니다.　　　　(　　)
3. 진수 씨의 전공은 한국사입니다.　　　(　　)
4. 리리 씨는 중국 사람입니다.　　　　　(　　)

二 阅读并回答。(잘 읽고 대답하세요.)

> 저는 왕동입니다. 저는 대학생입니다. 전공은 한국어입니다.
> 우리 한국어 선생님은 한국 사람입니다. 저는 중국 사람입니다.

1. 왕동은 회사원입니까?
2. 왕동의 전공은 무엇입니까?
3. 왕동의 한국어 선생님은 중국 사람입니까?
4. 왕동은 중국 사람입니까?

三 听写。(잘 듣고 쓰세요.)

1. _____

2. _____

3. _____

4. _____

5. _____

6. _____

四 选择正确的答案。(맞는 답을 고르세요.)

> 약방에 (　　　　　). (药房里的甘草——到处乱掺合。)

① 사과　　② 겨자　　③ 감초　　④ 고추

五 使用例子里的词或句做自我介绍。(〈보기〉를 사용하여 자기 소개를 해보세요.)

> 〈例（보기）〉
> 안녕하세요?　　만나서 반갑습니다　　저　　한국 사람
> 중국 사람　　학생　　전공　　회사에 다니다　　교사

第14课 学校 학교

【学习重点】
1. 掌握有关学校的词汇和句子。
2. -을/를
3. -에 가다/ -에서
4. -(으)ㅂ시다
5. -(으)십시오, -(으)세요

〈发音 point〉

一　发音方法。(발음 방법.)

音变现象

① 腭化音变：收音ㅌ后接元音이时，收音ㅌ的发音变成〔ㅊ〕。
　例如：같이〔가치〕

② 同化音变：收音ㄱ后接辅音ㅁ时，收音ㄱ的发音变成鼻音〔ㅇ〕。
　例如：한국말〔한궁말〕

③ 连音音变：双收音ㄺ后接元音时，ㄱ便与后面的元音一起发音。
　例如：읽으십시오〔일그십씨오〕

④ 紧音音变：收音ㅆ后接辅音时，收音ㅆ要发成〔ㄷ〕，后面的辅音ㅅ要发〔ㅆ〕音。
　例如：알겠습니까〔알겓씀니까〕

二　跟读。(잘 듣고 따라 읽으세요.)

1. 우리 같이 학교에 갑시다.
2. 선생님을 따라 책을 읽으십시오.
3. 알겠습니까? 네, 알겠습니다.
4. 한국말이 재미있습니까?
5. 그렇다면 질문이 있습니까?

● <词汇 check>

一 连接词组。(맞는 답을 연결하세요.)

1. 빵　　　　　•　　　　　• ㉠ 보다
2. 가게　　　•　　　　　• ㉡ 들읍시다
3. 음악　　　•　　　　　• ㉢ 기다리다
4. 밥　　　　•　　　　　• ㉣ -에 가다
5. 잠깐　　　•　　　　　• ㉤ 드십시오
6. 텔레비전 •　　　　　• ㉥ 좋아하다
7. 아주　　　•　　　　　• ㉦ 사다

● <语法 check>

一 参照例子写答案。(〈보기〉와 같이 쓰세요.)

"-을/를"为宾语助词，接在名词后，使这一名词成为句中的宾语。开音节后用"를"，闭音节后用"을"。
<例（보기）> 　빵(을) 삽니다. 　　사과(를) 삽니다.

1. 신문(　　) 봅니다.
2. 소설(　　) 읽습니다.
3. 과자(　　) 먹습니다.
4. 선생님(　　) 만납니다.
5. 커피(　　) 마십니다.
6. 편지(　　) 씁니다.

二 参照例子写答案。(<보기>와 같이 완성하세요.)

> 1. "-에 가다"接在表示场所的名词后，表示"去某处"。询问场所时，用"어디"。
> <例(보기)> 어디에 갑니까?
> 2. "-에서"用在表示场所的名词后，表示动作进行的场所。相当于汉语的"在(某处)"。
> <例(보기)> 학교에서 공부를 합니다.

1. 식당(　　　　) 갑니다.
2. 학교(　　　　) 공부(　　　　　) 합니다.
3. 도서관(　　　　) 소설책(　　　　　) 빌립니다.
4. 집(　　　　) 과자(　　　　) 먹습니다.
5. 어디(　　　　) 친구를 만납니까?
6. 가게(　　　　) 물을 삽니다.

三 参照例子完成句子。(<보기>와 같이 완성하세요.)

> 1. "-(으)ㅂ시다"为共动式终结词尾，接在动词词干后，表示共动语气。相当于汉语的"吧！"词干为开音节时用"-ㅂ시다"；闭音节时用"-읍시다"。
> 例如：가다: 가 + ㅂ시다 → 갑시다.
> 2. "-(으)십시오, -(으)세요"为命令式终结词尾，接在动词词干后，表示命令。词干为开音节时用"-십시오"；词干为闭音节时用"-으십시오"。
> 例如：보다: 보 + 십시오 → 보십시오. /보세요
> 읽다: 읽 + 으십시오 → 읽으십시오. /읽으세요

<例(보기)>
학교, 만나다 → 학교에서 만납시다. → 학교에서 만나십시오. /만나세요.

1. 영화, 보다　→　영화를 봅시다.　→　　　　　　./
2. 음악, 듣다　→　음악을 들읍시다.　→　　　　　　./
3. 월요일, 오다　→　월요일에 옵시다.　→　　　　　　./
4. 물, 주다　→　물을 줍시다.　→　　　　　　./
5. 책, 읽다　→　책을 읽읍시다.　→　　　　　　./

四 改错。(틀린 곳을 고치세요.)

1. 선생님은 학생를 좋아합니다.
2. 아버지가 지금 집에서 갔다.
3. 나는 과자을 먹습니다. 과자은 아주 맛있습니다.
4. 우리은 음악를 듣습니다.
5. 동생는 무엇를 합니까?
6. 월요일에서 누구를 만났니까?
7. 학생는 숙제을 합니다.

〈理解 exercise〉

一 听录音，选择正确答案。(잘 듣고 맞는 답을 고르세요.)

1. 지영 씨는 어디에 갑니까? (   )
   ① 학교   ② 식당   ③ 도서관   ④ 서점
2. 지영 씨와 민수 씨는 식당에서 무엇을 먹습니까? (   )
   ① 비빔밥   ② 볶음밥   ③ 불고기   ④ 라면
3. 누가 불고기를 아주 좋아합니까? (   )
   ① 민수   ② 지영   ③ 철민   ④ 영이

二 阅读短文，回答问题。(잘 읽고 대답하세요.)

> 왕호 씨는 서울대학교에서 한국말을 공부합니다. 한국말 공부가 아주 재미있습니다.
> 동동 씨는 도서관에서 책을 빌립니다. 요즘 경영학 책을 읽습니다. 수미 씨는 우체국에서 편지를 부칩니다.

1. 왕호 씨는 어디에서 무엇을 합니까?
2. 왕호 씨는 한국말 공부가 재미있습니까?
3. 동동 씨는 어디에서 무엇을 합니까?
4. 동동 씨는 요즘 무슨 책을 읽습니까?
5. 수미 씨는 어디에서 무엇을 합니까?

三 听写。(잘 듣고 쓰세요.)

1. _____
2. _____
3. _____
4. _____
5. _____
6. _____

四 选择正确的答案。(맞는 답을 고르세요.)

(   ) 밑이 어둡다. (灯下黑，灯台不自照。)

① 책상　　② 등잔　　③ 전등　　④ 달

五 填写俗语。(맞는 속담을 쓰세요.)

ㄱ: 한국어 책 봤어요?
ㄴ: 그 옆에 있잖아요.
ㄱ: 네, (   )고 옆에 두고 못 봤네요.

‹补充单词 보충단어›

못　　　　　　（副）　　　　　　不能，没能

第15课 昨天 어제

【学习重点】
1. 掌握过去时和否定式句子。
2. -았/었습니다
3. 안, -지 않다
4. -와/과, -하고
5. 그리고
6. 그렇지만

〈发音 point〉

一 发音方法。(발음 방법.)

音变现象

① 紧音音变：收音ㅆ后接辅音ㅅ时，收音ㅆ要发"ㄷ"音。
  例如：했습니까 〔핻씀니까〕
② 紧音音变：收音ㄱ后接辅音ㄱ时，ㄱ要发成紧音"ㄲ"。
  例如：경복궁 〔경복꿍〕
③ 同化音变：收音ㄱ后接辅音ㅁ时，收音ㄱ要发成鼻音〔ㅇ〕。
  例如：박물관 〔방물관〕
④ 送气音变：收音ㅎ后接辅音ㅈ时，ㅈ要发成〔ㅊ〕音。
  例如：그렇지만 〔그러치만〕
⑤ 连音音变：双收音ㅄ后接元音时，收音ㅅ与后面的元音一起发音。
  例如：없었습니다 〔업썯씀니다〕

二 跟读。(잘 듣고 따라 읽으세요.)

1. 어제 박물관에서 친구를 만났습니다.
2. 저는 집을 청소했습니다. 그리고 좀 쉬었습니다.
3. 한국어 교재를 몇 권 사고, 전자사전을 샀어요.
4. 그렇지만 박물관은 못 갔습니다.
5. 집 앞에서 지하철을 타고 종각역에서 내렸어요.

第15课 昨天

〈词汇 check〉

一 选择填空。(맞는 것을 골라 쓰세요.)

| 어제 | 와/과 | 그리고 | 그렇지만 | 못 | 왜 |
| 역 | 지하철 | 시간 | 청소 | 좀 | 쉬다 |

1. 나는 (　　　) 경복궁에 갔습니다. (　　　) 박물관은 못 갔습니다.
2. 영화를 봤습니다. (　　　) 이야기를 나누었습니다.
3. 어제 교보문고에 갔습니까? 아니요, (　　　)이 없었습니다.
4. 집 앞에서 (　　　)을 탔습니다.
5. 저는 집에서 (　　　)를 했습니다. 그리고 (　　　) 쉬었습니다.
6. 친구(　　　) 종각(　　　)에서 내렸습니다.

〈语法 check〉

一 参照例子造句。(〈보기〉와 같이 완성하세요.)

-았/었/였습니다: "-았/었/였"用于谓词词干与词尾之间，表示过去时制。与陈述形词尾相连则为"-았/었/였습니다"，与疑问形词尾相连为"-았/었/였습니까"。词干以"아, 오"结尾时，其过去时制为"았습니다(까?)"，其他情况为"었습니다(까?)"。以"하다"结尾的谓词采取"하였습니다(까?), 했습니다(까?)"的形式。
例如：좋다: 좋+았습니다→좋았습니다.

〈例（보기）〉 학교에 (가다).　→ 학교에 갔습니다.
　　　　　　집에 (오다).　→ 집에 왔습니다.

1. 집에서 책을 (읽다).　　　　→
2. 오늘 소설책을 (읽다).　　　→
3. 백화점에서 옷을 (사다).　　→
4. 나는 남자 친구를 길에서 (만나다). →

5. 점심을 (먹다)? →

6. 그 여자는 (선생님이다)? →

二 仿照例子填表。(<보기>와 같이 표를 완성하세요.)

안/-지 않다: 在谓词前用否定副词"안",或在谓词词干后加"-지 않다",便可构成否定句。相当于汉语的"不……""没……"。但"体词+이다"这种形式后则不能用"안"或"-지 않다"来否定,而是用"体词+아니다"来表示其否定句式。

<例（보기）>

신문을 보았습니다. → 신문을 안 보았습니다. → 신문을 보지 않았습니다.

否定式 句子	안	-지 않다
1. 학교에 갔습니다.		
2. 친구와 공부를 했습니다.		
3. 어제 잠을 잤습니다.		
4. 옷을 샀습니다.		
5. 노래를 불렀습니다.		
6. 소설책을 읽었습니다.		
7. 아침에 밥을 먹었습니다.		
8. 아버지를 만났습니다.		

三 参照例子完成句子。(<보기>와 같이 고치세요.)

-와/과, -하고: 用于名词或代词之后,相当于汉语的"和……一起……""与……共同……"。开音节后用"-와",闭音节后用"-과"。在口语中常用"-하고"。相当于汉语的"和……一起……"。

<例（보기）>

비빔밥/불고기: 어제 비빔밥하고 불고기를 먹었습니다.
　　　　　　　어제 비빔밥과 불고기를 먹었습니다.

1. 한국/중국
2. 자동차/ 택시
3. 등산/배드민턴
4. 개/고양이
5. 드라마/책

四 改错。(틀린 곳을 고치세요.)

1. 나는 한국을 좋아합니다. 그리고 동생은 한국을 좋아하지 않습니다.
2. 아버지과 나는 같이 학교에 가았습니다.
3. 일찍 일어났습니다. 그렇지만 운동을 했습니다.
4. 텔레비전을 봅습니다. 그리고 음악도 들었습니다.
5. 동생와 엄마하고 시장에 가지 안았습니까?
6. 월요일에 누구하고 만났니까?
7. 오늘 저는 바쁘고 않았습니다.
8. 가족와 함께 살었습니다.
9. 선생님와 열심히 공부하었습니다.
10. 사전을 가지고 옵습니다.

〈理解 exercise〉

一 听录音，后选择正确答案。(잘 듣고 맞는 답을 고르세요.)

1. 영미 씨는 어제 어디에서 차를 마셨어요? (　　)
   ① 학교　　② 백화점　　③ 커피숍　　④ 서점
2. 단단 씨는 어제 어디에 갔어요? (　　)
   ① 커피숍　　② 도서관　　③ 서점　　④ 우체국
3. 영미 씨는 어제 무엇을 보았어요? (　　)
   ① 영화　　② 텔레비전　　③ 편지　　④ 신문
4. 영미 씨는 한국 영화가 재미있었어요? (　　)
   ① 아주 재미없었다　　② 아주 재미있었다　　③ 아주 좋았다

二、阅读下列短文，回答问题。(잘 읽고 대답하세요.)

> 나는 어제 동생과 서점에 갔어요. 경영학 교재를 몇 권 사고, 사전을 샀어요. 그리고 집을 청소했어요. 그렇지만 빨래는 안 했어요. 시간이 없었어요.

1. 나는 어제 어디에 갔어요?
2. 나는 혼자 서점에 갔어요?
3. 서점에서 무엇을 했어요?
4. 집에서 무엇을 했어요?
5. 빨래는 했어요?

三、听写。(잘 듣고 쓰세요.)

1. _____
2. _____
3. _____
4. _____
5. _____
6. _____

四、使用下列词组，叙述昨天做的事。(아래의 내용으로 어제의 일을 이야기 해보세요.)

책을 읽다	영화를 보다	공원에 가다
서점에 가다	청소를 하다	커피를 마시다
지하철을 타다	빨래를 하다	이야기를 나누다
전화를 하다	노래를 듣다	운동을 하다
공부하다	점심을 먹다	

<补充单词 보충단어>

백화점	(名)	百货商店
커피숍	(名)	咖啡馆

第16课 购물 물건 사기

【学习重点】
1. 读韩国语数字，练习购物语言。
2. -이/가 있다/없다
3. 量词
4. 이/저/ 그
5. -와/과, -하고

〈发音 point〉

一 发音方法。(발음 방법.)

音变现象

① 紧音音变：收音"ㅂ"后接辅音"ㅅ"时，辅音"ㅅ"要发成紧音"ㅆ"。

例如：주십시오 〔주십씨오〕　　　　계십시오 〔계십씨오〕

② 紧音音变：收音"ㅅ"后接辅音"ㄱ"时，辅音"ㄱ"要发成紧音"ㄲ"。

例如：다섯 개 〔다섣깨〕

〈词汇 check〉

名词：名词是表示人、事物以及概念、时间、处所等名称的词。在句子中与"-이/가, -을/를"等助词一起使用。
　　　　如：문방구(점), 과일
代词：代词是代替名词的词，指代人、事物、场所等。
　　　　如：여기, 그것
数词：数词是表示人、事物的数量或顺序的词。
　　　　如：하나, 둘, 셋, 일, 이

> 动词：动词一般是表示动作或状态的词。
>
> 　　　如：보다, 드리다

一　将下列单词归类。(아래 단어를 표 안의 알맞은 곳에 쓰세요.)

　　1. 물건　　2. 우유　　3. 아저씨　　4. 열
　　5. 거기　　6. 저것　　7. 돈　　　　8. 직원
　　9. 언니　 10. 여행하다　11. 교실　　12. 버스
　 13. 타다　 14. 이것　　 15. 전화번호

名词	
代词	
数词	
动词	

● 〈语法 check〉

一　参照例子写答案。(〈보기〉와 같이 쓰세요.)

> -이/가 있다/없다：接在名词后，表示存在与否。相当于汉语的"有/没有……""……在/不在"。开音节名词后接"-가 있다/없다"，闭音节名词后接"-이 있다/없다"。

〈例(보기)〉：아기가 있습니까?　　<u>아니요, 아기가 없습니다.</u>

있다	없다
수박　버스	동생　우유　잔돈

1. 버스가 없습니까?　_____

2. 잔돈이 있습니까?　_____

3. 방에 동생이 있습니까?　_____

4. 우유가 없습니까? _____

5. 수박이 있습니까? _____

二. 写出正确答案。(맞는 답을 쓰세요.)

> 量词：与数词连用，表示事物单位或动作频率的词叫做量词。常用的量词有：
> 명（名），개（个），번（次），월（月），시（时），살（岁），장（张），원（元），년（年），일（日），분（分）……在这些量词中，有的与汉字数词连用，有的与固有数词连用。
> **注意**：（1）数词 "하나, 둘, 셋, 넷, 스물" 与量词连用时，分别需转换成 "한(개), 두(개), 세(개), 네(개), 스무(개)"。（2）数词 "육, 십" 与量词 "월" 连用时，要与量词월合成新词 "유월, 시월"。

1. 오늘은 몇 (　　　　　) 며칠입니까?
2. 나는 책을 1 (　　　　　) 읽었습니다.
3. 교실에 학생이 10 (　　　　　) 있습니다.
4. 동생이 사과를 3 (　　　　　) 먹었습니다.
5. 아버지는 50 (　　　　　) 입니다.
6. 지금 10 (　　　　　) 45 (　　　　　) 입니다.
7. 그 옷은 5만 (　　　　　) 입니다.
8. 종이를 3 (　　　　　) 주세요.
9. 커피를 2 (　　　　　) 마셨습니다.
10. 콜라를 1 (　　　　　) 샀습니다.

三. 参照例子写出答案。(〈보기〉와 같이 쓰세요.)

> <例 (보기) >
> 　　　　8시 15분입니다. → 여덟 시 십오 분입니다.

1. 2016년 6월 6일입니다. →
2. 11시 35분입니다. →

3. 우리 교실은 308호입니다. →

4. 의자가 모두 24개 있습니다. →

5. 지하철 13호선을 탑니다. →

6. 한국어를 8개월 배웠습니다. →

7. 2008년 중국에서 올림픽을 했습니다. →

8. 258,465원 →

9. 나는 20살입니다. →

10. 아버지가 3,000원으로 바나나를 10개 샀습니다. →

四 参照例子完成对话。(〈보기〉와 같이 대화를 완성하세요.)

"이, 저, 그"为冠词，修饰其后面的名词。"이"指离说话人较近的事物。"저"指离说话人和听话人都较远的事物。"그"指离听话人较近的事物或现在虽不在场，但前面已提及、说话人与听话人都知道的事物。指物时，用指示代词"이것, 저것, 그것"；指场所时，用指示代词"여기, 저기, 거기"。

注意：在口语中，"이것은, 저것은, 그것은"通常缩略为"이건, 저건, 그건"；"이것을, 저것을, 그것을"通常缩略为"이걸, 저걸, 그걸"；"이것이, 저것이, 그것이"通常缩략为"이게, 저게, 그게"。

〈例（보기）〉

ㄱ : 저것은 무엇입니까?

ㄴ : 저것은 전자사전입니다.

1. ㄱ : 이것은 무엇입니까?
   ㄴ : _____

2. ㄱ : 저 가방은 얼마입니까?
   ㄴ : _____

3. ㄱ : 여기는 어디입니까?
   ㄴ : _____

4. ㄱ : 어디가 학교입니까?
   ㄴ : _____

5. ㄱ : 그 소설은 재미있습니까?
   ㄴ : _____

五 参照例子完成对话。(〈보기〉와 같이 대화를 완성하세요.)

-와/과, -하고 : 连接两个名词的助词, 相当于汉语的 "……和……"。开音节后面接 "와", 闭音节后面接 "과", 在口语中常用 "-하고"。
例如: 우유와 빵, 우유하고 빵
　　　빵과 우유, 빵하고 우유

〈例 (보기)〉
ㄱ : 교실에 누가 있습니까?
ㄴ : 영이와 민수가 있습니다.

1. ㄱ : 무엇을 드시겠습니까?
   ㄴ : _____

2. ㄱ : 어떤 책이 재미있었습니까?
   ㄴ : _____

3. ㄱ : 어디에 여행 갔습니까?
   ㄴ : _____

4. ㄱ : 어떤 영화를 보았습니까?
   ㄴ : _____

5. ㄱ : 백화점에서 무엇을 샀습니까?
   ㄴ : _____

〈理解 exercise〉

一 听录音, 选择正确答案。(잘 듣고 맞는 답을 고르세요.)

1. 이곳은 어디입니까? (　　　)
   ① 우체국　　② 은행　　③ 가게　　④ 서점

2. 리리 씨는 가방을 얼마에 샀습니까? (　　　)
   ① ₩60,800　　② ₩68,000　　③ ₩86,000　　④ ₩80,600

3. 리리 씨는 지갑을 얼마에 샀습니까? (　　　)
   ① ₩26,500　　② ₩2,650　　③ ₩36,500　　④ ₩3,650

4. 리리 씨는 잔돈을 얼마 받았습니까? (　　)
　① ₩4,500　　② ₩5,500　　③ ₩6,500　　④ ₩7,500

二 阅读对话，回答问题。(잘 읽고 대답하세요.)

> 수 민: 단단 씨, 어제 무엇을 샀어요?
> 단 단: 네, 과일 가게에서 사과 6(①)와 배 3개를 샀어요. 사과는 3(①)에 2,000원, 배는 한 개에 2,000원이었어요. 수민 씨는 어제 뭘 했어요?
> 수 민: 나는 우체국에서 250원(②) 우표 3(③)을 샀어요. 그리고 친구와 비빔밥을 먹었어요.

1. 단단 씨는 어제 무엇을 했습니까?
2. 단단 씨는 사과와 배를 얼마에 샀습니까?
3. 수민 씨는 어제 무엇을 했습니까?
4. 수민 씨는 우표를 얼마에 샀습니까?
5. ( ) 에 맞은 답을 쓰세요. ① _____ ② _____ ③ _____

三 听写。(잘 듣고 쓰세요.)

1. _____
2. _____
3. _____
4. _____
5. _____
6. _____

四 选择正确答案。(맞는 답을 고르세요.)

(　　)를 보면 (　　)을 안다. (闻一知十，触类旁通，举一反三。)

　① 다섯, 열　② 하나, 열　③ 셋, 여든　④ 열, 스물

五 阅读。(읽어 보세요.)

> 각 나라 사람들마다 좋아하는 숫자가 다릅니다. 한편 한국인들은 많은 숫자 중에 3을 특별하게 생각했습니다. 음양오행설에 따르면 3은 음과 양 어느 한쪽으로 치우치지 않은 완전한 존재 또는 완벽한 조화를 뜻합니다. 그래서 아주 작은 내기라도 시작하기 전에 한국인들은 꼭 이렇게 외칩니다.
> '삼세판이다!'[①]

〈补充单词 보충단어〉

지갑	（名）	钱包
각	（冠）	各，每
벌다	（动）	赚，挣
모으다	（动）	集，聚，存，攒
특별하게	（副）	特别，特殊，特
생각	（名）	想，思，念
음양오행설	（名）	阴阳五行说
완전하다	（形）	完全，全，全新
완벽하다	（形）	完善，完美
조화	（名）	和谐，协调，调和
내기하다	（动）	打赌
꼭	（副）	一定，必定
외치다	（动）	喊，呼喊，叫

---

① 参考译文：各个国家的人们偏爱的数字有所不同。韩国人对数字"3"情有独钟。根据阴阳五行说，"3"这个数不偏重于阴或阳的任何一面，意味着完美、和谐。即使是打一个很小的赌，韩国人通常也会喊一句："来三盘！"

第17课 一天作息 하루일과

【学习重点】
1. 掌握时间的读法。
2. -에
3. -부터 - 까지
4. -에게
5. -(으)ㄹ 것이다 (예정이다)

〈发音 point〉

一、发音方法。(발음 방법.)

音变现象

① 紧音音变：收音 "ㄱ" 后接辅音 "ㄱ" 时，辅音 "ㄱ" 要发成紧音 "ㄲ"。
  例如：학교〔학꾜〕   식사〔식싸〕
② 连音音变：收音 "ㄹ" 后接元音时，收音 "ㄹ" 同后面的元音组合起来发音。
  例如：일어납니다〔이러남니다〕
③ 同化音变：收音 "ㅌ" 后接辅音 "ㄴ" 时，收音 "ㅌ" 要发 "ㄴ" 音。
  例如：끝납니다〔끈남니다〕

二、跟读。(잘 듣고 따라 읽으세요.)

1. 아침에 몇 시에 일어납니까?
2. 밥을 먹고 무엇을 합니까?
3. 오전 9시부터 오후 1시까지 한국어를 공부합니다.
4. 밤에는 음악을 듣고 친구들에게 편지를 씁니다.
5. 오늘은 좀 바쁩니다. 내일 한국어 시험이 있습니다.
6. 학교 앞 서점에서 만납시다. 친구들도 올 예정입니다.
7. 오늘 점심에 시간 괜찮습니까?

第17课 一天作息

<词汇 check>

一 选词填空。(맞는 것을 골라 쓰세요.)

세수하다	시험	서점	얼른	끝나다
함께	음악	식사하다	언제	학교
미장원	도착하다			

1. 아침에 일어나 (　　　　　).
2. 서점에 (　　　　　).
3. 친구와 (　　　　　) 식당에서 (　　　　　).
4. 회화 수업이 오후에 (　　　　　).
5. (　　　　　)에서 머리를 잘랐습니다.
6. (　　　　　) 옷을 갈아입었습니다.
7. (　　　　　) 집에 갈 예정입니까?

<语法 check>

一 参照例子写答案。(<보기>와 같이 쓰세요.)

时间的一般读法
"时"用固有词读,"分"用汉字词读。
하나, 둘, 셋, 넷 + 시 (小时) — 한 시, 두 시, 세 시, 네 시
<例(보기)> 3:10 — 세 시 십 분

1. 6:34 →
2. 2:55 →
3. 4:08 →
4. 5:30 →
5. 7:15 →
6. 10:20 →

二 参照例子完成对话。(<보기>와 같이 대화를 완성하세요.)

> 助词 "-에" 与表示时间的名词连用，表示时间。
> **注意**："어제, 오늘, 내일, 지금" 等词不用加该助词。
> <例（보기）>
> ㄱ: 어제 몇 시에 잤습니까? (10：30)
> ㄴ: 나는 어제 열 시 삼십 분에 잤습니다.

1. ㄱ: 아침에는 몇 시에 일어납니까? (6：15)
   ㄴ: _____

2. ㄱ: 몇 시에 아침을 먹습니까? (7：00)
   ㄴ: _____

3. ㄱ: 몇 시에 학교에 갑니까? (7：25)
   ㄴ: _____

4. ㄱ: 언제 점심 식사를 합니까? (12：30)
   ㄴ: _____

5. ㄱ: 몇 시에 집에 돌아옵니까? (6：20)
   ㄴ: _____

6. ㄱ: 언제 저녁 식사를 합니까? (6：50)
   ㄴ: _____

三 参照例子造句。(<보기>와 같이 완성하세요.)

> "-부터 -까지" 接在表示时间的名词后，表示时间的起点和终点。相当于汉语的 "从……到……"。
> <例（보기）>
> 9：00~1：00, 공부 —— 오전 9시부터 오후 1시까지 공부합니다.

1. 7：00~7：30, 아침 운동 →
2. 7：30~8：00, 아침 식사 →
3. 9：00~12：00, 회사일 →
4. 12：00~1：00, 점심 식사 →
5. 8：00~9：30, 독서 →

四 参照例子翻译句子。(〈보기〉와 같이 번역하세요.)

> 助词"-에게"接在表示人或动物的名词后,表示动作涉及的对象。"-한테"与其意义相同,主要用于口语。
> 〈例(보기)〉
> 母亲给孩子喂牛奶。— 어머니가 아이에게 우유를 줍니다.

1. 老师给学生们讲授韩国语。
   → _____

2. 他给狗喂牛奶。
   → _____

3. 昨天我给弟弟写了封电子邮件。
   → _____

4. 这个苹果要给谁?
   → _____

五 参照例子写答案。(〈보기〉와 같이 쓰세요.)

> "-(으)ㄹ 것이다(예정이다)"接在动词词干后,表示未来打算或可能性。
> 〈例(보기)〉만나다 → 만날 것이다

1. 먹다	5. 공부하다
2. 놀다	6. 소개하다
3. 자다	7. 주다
4. 살다	8. 하다

﹤理解 exercise﹥

一、听录音，选择正确答案。(잘 듣고 맞는 답을 고르세요.)

1. 민수 씨는 몇 시에 일어났어요? (　　　)
   ① 8시 20분　② 8시 30분　③ 8시 40분　④ 8시 50분
2. 보통 학교 수업은 몇 시에 시작해요? (　　　)
   ① 8시　② 8시 30분　③ 9시　④ 9시 30분
3. 민수 씨는 학교에 몇 시에 도착했어요? (　　　)
   ① 9시 10분　② 9시 20분　③ 9시 30분　④ 9시 40분
4. 민수 씨의 교실은 몇 층에 있어요? (　　　)
   ① 2층　② 3층　③ 4층　④ 5층
5. 민수 씨는 언제 학교에 갔어요? (　　　)
   ① 월요일　② 목요일　③ 토요일　④ 일요일

二、阅读对话，回答问题。(잘 읽고 대답하세요.)

> **링 링**：아침 몇 시에 일어나요?
> **지 애**：아침 6시 20 분에 일어나요.
> **링 링**：아침에 일어나서 무엇을 해요?
> **지 애**：아침에 일어나서 운동을 하고 8시에 밥을 먹어요.
> **링 링**：학교에 몇 시까지 가요?
> **지 애**：8시 40분까지 가요.
> 　　　　오전 9시 (㉠) 12시(㉡) 한국어 듣기와 회화 수업이 있어요.
> **링 링**：오후에는 무엇을 해요?
> **지 애**：오후에는 도서관에서 공부해요. 내일 한국어 시험이 있어요.
> **링 링**：몇 시에 잠을 자요?
> **지 애**：11시에 잠을 자요.

1. 지애 씨는 몇 시에 일어나요?
2. 지애 씨는 몇 시에 학교에 도착해요?
3. ㉠과 ㉡에 알맞은 답을 쓰세요. (㉠　　　　　㉡　　　　　)
4. 지애 씨는 오후에 무엇을 해요?
5. 지애 씨는 언제 잠을 자요?

三　听写。(잘 듣고 쓰세요.)

1. _____
2. _____
3. _____
4. _____
5. _____
6. _____

四　选择正确答案。(맞는 답을 고르세요.)

될성부른 (　　　　　)는 (　　　　　)부터 알아본다.
（人看细马看蹄，有出息的人从小见大。）

① 줄기, 싹잎　② 가지, 나뭇잎　③ 나무, 떡잎　④ 떡잎, 줄기

五　填写俗语。(맞는 속담을 쓰세요.)

(　　　　　　　　　　　)고 1살짜리 아이가
말을 아주 잘 해요.

第18课 方位 위치

【学习重点】
1. 掌握方位词和副词的使用方法。
2. -아/어요
3. -이/가 …-에 있다/없다
4. -의
5. -도
6. -만

〈发音 point〉

一　发音方法。(발음 방법.)

音变现象

① 紧音音变：收音"ㄱ"后接辅音"ㄷ"时，辅音"ㄷ"要发成紧音"ㄸ"。
　例如：식당〔식땅〕
② 连音音变：收音"ㄴ"后接元音时，收音"ㄴ"同后面的元音一起发音。
　例如：안에〔아네〕
③ 紧音音变：收音"ㅂ"后接辅音"ㅅ"时，辅音"ㅅ"发成紧音"ㅆ"。
　例如：고맙습니다〔고맙씀니다〕

二　跟读。(잘 듣고 따라 읽으세요.)

1. 실례합니다. 여자 옷이 몇 층에 있어요?
2. 식당은 6층에 있습니다.
3. 공중전화는 저기 화장실 옆에 있습니다.
4. 은행도 학생회관 건물 안에 있어요?

5. 여기에서 곧장 간 다음 다시 왼쪽으로 가세요.
6. 가르쳐 주셔서 고맙습니다.

〈词汇 check〉

一 选择合适的单词填入图片中。(그림에 맞는 것을 골라 쓰세요.)

은행	화장실	텔레비전	거실	냉장고
모자	바지	산	안경	의자
자전거	전화기	침대	탁자	

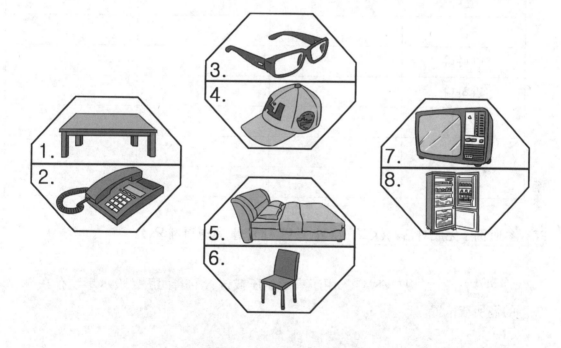

〈语法 check〉

一 参照例子填表。(〈보기〉와 같이 표를 완성하세요.)

"-아/어/여요" 用于动词、形容词词干后，是表示尊敬语气的终结词尾。
"-습니다" 通常用于比较正式的场合，在非正式的场合和日常生活中，常用 "-아/어/여요"。

<例(보기)>

가다 → 갔어요 → 가요 → 갈 거예요
　　　　──去了　　──去　　──要去

오다 → 왔어요 → 와요 → 올 거예요
　　　　──来了　　──来　　──要来

기본형	-았/었어요	아/어/예요	-(으)ㄹ 거예요
보다			
사다			
하다			
놀다			
먹다			
만나다			
말하다			
가다			
자다			
그리다			

二、参照例子完成对话。(<보기>와 같이 대화를 완성하세요.)

"-이/가…-에 있다/없다" 用于表示场所或位置的名词后，表示事物存在的场所或位置。

<例(보기)> ㄱ: 학교가 어디에 있습니까?
　　　　　　ㄴ: 광화문에 있습니다.

1. ㄱ: 우산이 어디에 있습니까?
　　ㄴ: _____

2. ㄱ: 집에 개가 있습니까?
　　ㄴ: _____

3. ㄱ : 냉장고에 아이스크림이 있습니까?
   ㄴ : _____

4. ㄱ : 가방 안에 무엇이 있습니까?
   ㄴ : _____

5. ㄱ : 지금 집에 누가 있습니까?
   ㄴ : _____

三 选择填写。(맞는 답을 골라 쓰세요.)

> ① 属格助词 "-의" 用于名词、代词后，表示所属关系。在口语中 "나의" 与 "저의" 常简缩为 "내" 和 "제"。
> ② 添意助词 "-도" 表示包含关系，相当于汉语的 "也" "还"。
> ③ 添意助词 "-만" 是表示限定的助词，相当于汉语的 "只……" "仅……"。
>
> <例 (보기) >
> ① ㄱ : 이것은 누구의 책이에요?
>   ㄴ : 문수 씨의 책이에요.
> ② 아기가 자요. 엄마도 자요.
> ③ ㄱ : 빵하고 우유를 살 거예요?
>   ㄴ : 아니요, 빵만 살 거예요.

1. 오늘 아버지(　　　　　　) 선물을 샀어요?
2. 나는 노트북이 있어요. 테블릿 PC(　　　　　) 있어요.
3. 시장에서 과일하고 야채를 샀어요. 그리고 생선(　　　　　) 샀고요.
4. 그는 일요일에 집에서 잠(　　　　　) 잤습니다.
5. ㄱ : 가족하고 같이 서울에 왔어요?
   ㄴ : 아니요, 저(　　　　　) 왔어요.

● 〈理解 exercise〉

一 听录音，选择正确答案。(잘 듣고 맞는 답을 고르세요.)

1. 3층에 무엇이 있어요? (　　　)
   ① 구두　　② 가방　　③ 은행　　④ 커피숍
2. 구두는 몇 층에 있어요? (　　　)
   ① 지하　　② 1층　　③ 2층　　④ 3층
3. 식당은 몇 층에 있어요? (　　　)
   ① 3층　　② 4층　　③ 5층　　④ 6층
4. 이 백화점에 무엇이 없어요? (　　　)
   ① 은행　　② 식당　　③ 서점　　④ 구두

二 阅读下列短文，回答问题。(잘 읽고 대답하세요.)

> 왕영 씨의 방입니다. 침대, 책장, 책상이 있습니다. 책장 오른쪽에는 지도가 있습니다. 책상 옆에는 의자가 있습니다. 책상 위에는 컴퓨터와 핸드폰이 있습니다. 침대 밑에는 고양이가 있습니다.

1. 방에 무엇이 있어요?
2. 지도는 어디에 있어요?
3. 책상 위에는 무엇이 있어요?
4. 고양이는 어디에 있어요?

三 听写。(잘 듣고 쓰세요.)

1. _____
2. _____
3. _____
4. _____
5. _____
6. _____

第18课　方位

四 选择正确答案。(맞는 답을 고르세요.)

빛 좋은 (　　　　　). (色泽光艳而酸涩的野山杏——华而不实)

① 개살구　　② 개복숭아　　③ 개도토리　　④ 개밥

五 填写俗语。(맞는 속담을 쓰세요.)

ㄱ: 지금 다니는 회사는 좋아요?
ㄴ: 뭴요. (　　　　　　　　　) 예요.

<补充单词 보충단어>

아이스크림	(名)	冰淇淋
야채	(名)	蔬菜
생선	(名)	鱼
컴퓨터	(名)	电脑
핸드폰	(名)	手机
태블릿 PC	(名)	平板电脑

综合练习3 종합연습3

题号	一	二	三	四	五	满分
满分	20	20	20	20	20	100
所得分						

一 听写。(잘 듣고 쓰세요.) (20分)

1. _____
2. _____
3. _____
4. _____
5. _____
6. _____
7. _____
8. _____
9. _____
10. _____

二 选词填空。(맞는 답을 쓰세요.) (20分)

> -은/는   -을/를   -부터   -까지   -에   -에게   -에서
> -도   -만   -의   이   그   저   와/과   하고

1. 이 가방을 엄마_____줄 겁니다.
2. 지금 우리는 식당_____갑니다.
3. 몇 시_____몇 시_____운동을 합니까?
4. 누구_____편지_____씁니까?

5. 동생_____언니_____잠을 잡니다.
6. 태권도_____좋아합니다. 수영_____좋아합니다.
7. 왕동 씨_____집은 어디입니까?
8. 저것_____무엇입니까?
9. 10시_____수업을 합니다.
10. 일요일_____공원_____데이트를 했습니다.

三 改错。(틀린 곳을 고치세요.) (20分)

1. 미미 씨는 작년에 결혼할 겁니다.
2. 오늘 밤에서 친구과 같이 술을 마실 것입니다.
3. 7시부터 몇 시에서 축구를 합니까?
4. 오늘은 여자 친구를 안 만났지 않았습니다.
5. 왕동 씨은 내일 등산했습니다.
6. 어제 김치와 불고기을 먹을 것입니다.
7. 나는 내년에 대학이었습니다.
8. 엄마는 키가 크었지 않습니까?
9. 동물원에 사자 한 개하고 사람 열 마리가 있습니다.
10. 맥주 넷 병 주십시오. 그리고 커피 둘 잔 주십시오.

四 阅读下列短文，回答问题。(잘 읽고 대답하세요.) (20分)

왕호 씨는 한국에서 회사에 다닙니다. 아침 여덟 시쯤 회사에 도착합니다. 오전에는 회의를 하고, 오후에는 회사 일을 합니다. 오후 여섯 시에 퇴근을 합니다. 저녁에는 회사 근처 수영장에서 한 시간 (㉠)을 하고 밤 아홉 시쯤 집에 돌아갑니다.

1. 맞는 것을 고르세요. ( )
   ① 왕호 씨는 한국에서 공부합니다.   ② 왕호 씨는 일본 사람입니다.
   ③ 왕호 씨는 회사에 다닙니다.   ④ 왕호 씨는 5시에 퇴근합니다.
2. 왕호 씨는 회사에 몇 시에 도착합니까? ( )
   ① 7시   ② 8시   ③ 9시   ④ 10시
3. 왕호 씨는 몇 시에 퇴근을 합니까? ( )
   ① 5시   ② 6시   ③ 7시   ④ 8시

4. 이 글은 왕호 씨의 무엇을 썼습니까? (　　　　)
　① 직업　　② 회사　　③ 취미　　④ 하루
5. ㉠에 알맞은 단어를 쓰세요. (　　　　　　)

五 连线组句。(맞는 답을 연결하세요.) (20分)

1. 약방에　　　　　•　　　• ㉠ 열을 안다
2. 등잔 밑이　　　•　　　• ㉡ 떡잎부터 알아본다
3. 하나를 보면　•　　　• ㉢ 감초
4. 될성부른 나무는 •　　• ㉣ 개살구
5. 빛 좋은　　　　•　　　• ㉤ 어둡다

第19课 点菜 주문하기

【学习重점】
1. 掌握预约、预订，或点菜的方法和说法。
2. -고 싶다
3. -(으)ㄹ래요
4. 무슨
5. -겠어요
6. 그러면

<发音 point>

一 发音方法。(발음 방법.)

音变现象

① 连音音变：收音"ㅅ"和"ㅆ"后接元音时，收音"ㅅ"和"ㅆ"与后面的元音一起发音。例如：맛이 있어요〔마시이써요〕

② 送气音变：收音"ㄱ"后接辅音"ㅎ"时，收音"ㄱ"与辅音"ㅎ"要合起来发"ㅋ"音。
例如：특히〔트키〕

③ 紧音音变：收音"ㅍ"后接辅音"ㅈ"时，辅音"ㅈ"要发成紧音"ㅉ"。
例如：보고 싶지 않아요〔보고십찌아나요〕

④ "ㅎ"弱化：双收音"ㄶ"后接元音时，"ㅎ"音弱化要发"ㄴ"音。
例如：보지 않아요〔보지아나요〕

⑤ 特殊音变：收音"ㅁ"后面遇到辅音"ㄹ"时，后面的"ㄹ"音要发"ㄴ"音。
例如：음료수〔음뇨수〕

二 跟读。(잘 듣고 따라 읽으세요.)

1. 이 식당에는 무슨 음식이 맛이 있어요?
2. 우리 식당은 특히 비빔밥이 맛이 있어요.

3. 나는 비빔밥을 먹고 싶지 않아요. 불고기가 먹고 싶어요.

4. 그러면 나도 불고기를 먹겠어요.

5. 이 집 커피도 아주 맛이 좋아요.

6. 음료수는 뭘 하시겠습니까?

7. 알겠습니다. 손님. 여기 있습니다.

<词汇 check>

一、选择填空。(맞는 답을 골라 쓰세요.)

| 분위기 | 음료수 | 종업원 | 주문하다 | 그냥 | 복잡하다 |
| 비싸다 | 데이트 | 청바지 | 어울리다 | 공항 | |

1. 아침 7시까지 비행기를 타러 (　　　　　)에 갔습니다.

2. 목이 말라서 (　　　　)를 먹고 싶습니다.

3. 식당에서 (　　　　)에게 음식을 주문했습니다.

4. 여자 친구와 공원에서 (　　　　)를 했습니다.

5. 그 남자는 (　　　　)가 참 잘 어울립니다.

6. 저는 (　　　　) 옷을 갈아입었습니다.

7. 그곳은 항상 손님이 너무 많고 (　　　　　).

8. 비싸지 않고 (　　　　) 좋은 곳으로 갑시다.

<语法 check>

一、填表。(다음 표를 완성하세요.)

① "-고 싶다" 接动词词干后，表示说话人的希望、愿望等，相当于汉语的"想……"。

例如: 설렁탕이 먹고 싶어요.

② "-(으)ㄹ래요" 接动词词干后，表示说话人的意向或询问对方的意见。比"-겠어요"更口语化。词干是开音节或以"-ㄹ"结尾时用"-ㄹ래요"，

词干是闭音节时用"-을래요"。

例如：나는 설렁탕을 먹을래요.

③ "-겠어요" 接动词词干后，表达说话人的决心和意愿。在疑问句中，用来询问对方的意见。

例如：나는 주스를 마시겠어요.

	-고 싶다	-(으)ㄹ래요	-겠어요
사다			
자다			
공부하다			
놀다			
걷다			
주문하다			
가다			
어울리다			
타다			
보다			
살다			
마시다			
만나다			
읽다			

二 仿照例子写答案。(<보기>와 같이 완성하세요.)

"무슨" 置于名词前，限定中心语。在询问被限定名词的种类或属性时使用。

<例（보기）> ㄱ: 무슨 음식을 좋아해요?
　　　　　　ㄴ: 불고기를 좋아해요.

1. ㄱ: 오늘 무슨 음식을 먹을 거예요?

　ㄴ: _____

2. ㄱ : 주로 무슨 책을 읽습니까?
   ㄴ : _____

3. ㄱ : 당신은 지금 무슨 공부를 합니까?
   ㄴ : _____

4. ㄱ : 오늘은 무슨 요일입니까?
   ㄴ : _____

5. ㄱ : 지금 무슨 음악을 듣고 있어요?
   ㄴ : _____

三 参照例子写答案。(<보기>와 같이 완성하세요.)

"그러면" 相当于汉语的"那么"，表示上文是下文的前提或条件。在口语中多用"그럼"这一形式。
<例(보기)> ㄱ : 너무 피곤해요.
          ㄴ : (집, 가다) — 그러면 오늘은 집에 일찍 가세요.

1. ㄱ : 집을 사고 싶어요.
   ㄴ : (돈, 벌다) —

2. ㄱ : 오늘은 바빠서 만날 수가 없습니다.
   ㄴ : (다음주, 만나다) —

3. ㄱ : 머리가 아프고 목도 부었어요. 감기에 걸린 것 같아요.
   ㄴ : (약, 먹다) —

4. ㄱ : 몸이 뚱뚱해졌어요.
   ㄴ : (운동하다, 살빼다) —

5. ㄱ : 성적이 많이 떨어졌어요.
   ㄴ : (열심히, 공부하다) —

第19课　点菜

〈理解 exercise〉

一 听录音，选择正确答案。(잘 듣고 맞는 답을 고르세요.)

1. 이 식당은 특히 무슨 음식이 맛있어요? (　　　)
   ① 비빔밥　　　　　② 회냉면
   ③ 불고기　　　　　④ 김치찌개
2. 지수와 철민은 무엇을 주문했어요? (　　　)
   ① 불고기, 맥주　　　② 비빔밥, 콜라
   ③ 설렁탕, 우유　　　④ 회냉면, 소주
3. 음식 값은 모두 얼마예요? (　　　)
   ① ₩10,500　　　　② ₩11,500
   ③ ₩12,500　　　　④ ₩13,500

二 阅读下列短文，回答问题。(잘 읽고 대답하세요.)

> 왕영 씨는 한국에서 대학에 다니고 있습니다. 매일 학생식당에 갑니다. 처음에 왕영 씨는 '비빔밥'이라는 단어만 알고 있었습니다. 매일 식당에서 비빔밥만 시켰습니다. 왕영 씨는 다른 음식을 먹고 싶었습니다. 그래서 한국 음식 이름부터 열심히 공부했습니다. 이제 왕영 씨는 식당에서 매일 다른 음식을 주문합니다. 월요일에는 김치찌개, 화요일에는 설렁탕, 수요일에는 냉면, 목요일에는 비빔밥을 주문했습니다. 오늘 메뉴는 비빔밥입니다. 왕영 씨는 비빔밥을 아주 좋아합니다.
> "밥 많이 주세요. 고추장은 조금 넣으세요."
> 학생식당 음식이 싸고 맛있습니다. 그래서 왕영 씨는 학생식당 음식을 좋아합니다.

1. 왕영 씨는 매일 어디에 갑니까?
2. 왕영 씨는 왜 한국 음식 이름부터 공부했어요?
3. 오늘 메뉴는 무엇입니까?
4. 왕영 씨는 왜 학생식당 음식을 좋아합니까?

三 听写。(잘 듣고 쓰세요.)

1. _____
2. _____
3. _____
4. _____
5. _____
6. _____

四 选择正确答案。(맞는 답을 고르세요.)

(　　　　)도 식후경. (金刚山的美景也得吃饱了再观赏——民以食为天。)

① 설악산　　② 금강산　　③ 내장산　　④ 지리산

五 填写俗语。(맞는 속담을 쓰세요.)

ㄱ: 저기 좀 보세요. 꽃이 아주 많아요.
ㄴ: (　　　　　　　　　　　)이라고 밥부터 먹고 봅시다.

〈补充单词 보충단어〉

돈을 벌다	(词组)	赚钱，挣钱
살을 빼다	(词组)	减肥
뚱뚱하다	(形)	胖

第20课 天气 날씨

【学习重点】
1. 掌握有关季节和天气的用语。
2. -이/가
3. -은/는
4. 어느
5. -(으)러 가다
6. "ㅂ"不规则音变

〈发音 point〉

一 发音方法。(발음 방법.)

音变现象

① "의"的发音：属格助词"의"可以发"의"音，也可以发"에"音。
  例如：한국의 〔한국의/한국에〕
② 连音音变：收音"ㅎ"后接元音时，"ㅎ"不发音。
  例如：좋아요 〔조아요〕
③ 同化音变：收音"ㅈ"后接辅音"ㄲ"时，收音"ㅈ"要发"ㄷ"音；收音"ㅊ"后接辅音"ㄴ"时，收音"ㅊ"要发"ㄴ"音。
  例如：벚꽃 놀이 〔벋꼰 노리〕
④ 紧音音变：收音"ㅎ"后接辅音"ㅅ"时，收音"ㅎ"要发"ㄷ"音，"ㅅ"要发成紧音"ㅆ"。
  例如：어떻습니까 〔어떤씀니까〕
⑤ 连音音变：收音"ㄹ"和"ㅍ"后接元音时，要与后面的元音一起发音。
  例如：돌아가고 싶어요 〔도라가고 시퍼요〕

二 跟读。(잘 듣고 따라 읽으세요.)

1. 한국의 봄은 어떻습니까?
2. 개나리꽃과 진달래꽃이 많이 핍니다.
3. 사람들은 벚꽃 놀이를 갑니다.

4. 당신은 어느 계절을 좋아해요?

5. 우리 밖에 눈싸움하러 갑시다.

6. 빨리 고향에 돌아가고 싶어요.

〈词汇 check〉

一 选择与各季节相应的单词填写。(각 계절에 맞는 단어를 찾아 쓰세요.)

| 내장산 | 눈사람 | 개나리꽃 | 진달래꽃 | 눈이 오다 | 벚꽃 |
| 장미 | 춥다 | 단풍 | 뜨겁다 | 바다 | 수박 |

1. 봄 —
2. 여름 —
3. 가을 —
4. 겨울 —

〈语法 check〉

一 选择填写。(맞는 답을 골라 쓰세요.)

1. 主格助词 "-이/가" 用于名词或代词后，表法前面的名词或代词成为主语。名词或代词末音节为开音节时用 "가"，为闭音节时用 "이"。

   ① 第三人称为主语，并第一次被提及时。

   例如：기분이 좋아요.

   ② 对 "누구, 무엇, 어디, 언제, 어느" 等疑问词为主语的问句进行回答时。

   例如：내가 왕동입니다.

2. 添意助词 "-은/는" 接在名词或代词后，表示前面的名词或代词成为句子的主题。在向别人介绍，说明自己或他人、某事物时，用 "은" 或 "는"。名词或代词为闭音节时用 "은"，为开音节时用 "는"。

   例如：나 + 는 → 나는   사람 + 은 → 사람은

第20课　天气

| -이 | -가 | -은 | -는 |

1. 그_____내 남자 친구입니다. 지금 회사원입니다.
2. 중국_____어떤 음식_____가장 유명합니까?
3. 너무 바빠서 오늘_____만날 수 없습니다.
4. 나는 고양이보다 개_____좋아요.
5. 제_____그 가방 주인입니다.
6. 오늘_____누구를 만나러 갑니까?
7. ㄱ: 저 영화를 보러 갈까요?
   ㄴ: 아니요, 저_____시간_____없습니다.

二　参照例子完成对话。(<보기>와 같이 대화를 완성하세요.)

冠词"어느"用于名词前，表示询问或指示同类事物时确指是哪个。相当于汉语"哪个"。
<例(보기)> ㄱ: 어느 백화점에 가요?
　　　　　 ㄴ: 롯데 백화점에 가요.

1. ㄱ: 어느 것이 당신 가방입니까?
   ㄴ: _____
2. ㄱ: 어느 것을 마실래요?
   ㄴ: _____
3. ㄱ: 당신은 어느 나라 사람입니까?
   ㄴ: _____
4. ㄱ: 어느 백화점에서 만날까요?
   ㄴ: _____
5. ㄱ: 어느 계절을 좋아합니까?
   ㄴ: _____

三 参照例子完成句子。(〈보기〉와 같이 완성하세요.)

"-(으)러 가다"接在动词词干后，表示动作的目的。常与"가다, 오다, 다니다"等表示趋向的动词连用。动词末音节为闭音节时用"-으러 가다"，开音节用"-러 가다"。

〈例（보기）.〉학교 — 학교에 공부하러 가요.

1. 공원 —
2. 도서관 —
3. 백화점 —
4. 은행 —
5. 미용실 —

四 参照例子填表。(〈보기〉와 같이 표를 완성하세요.)

"ㅂ"不规则音变：词干以收音"ㅂ"结尾的大部分形容词及个别动词，后面连接元音时，ㅂ变为"우"或"오"。其中"돕다""곱다"和"-아요,-았어요"连用，变为"도와요, 도왔어요"和"고와요, 고왔어요"。其他"ㅂ"类形容词及个别动词都接"-어요"和"-었어요"。

〈例（보기）〉		춥다	추워요
덥다		차갑다	
어렵다		아름답다	
쉽다		무겁다	
뜨겁다		가볍다	

120

第20课 天气

〈理解 exercise〉

一　听录音，选择正确答案。(잘 듣고 맞는 답을 고르세요.)

   1. 리리 씨는 어느 계절을 좋아해요? (　　　　)
      ① 봄　　② 여름　　③ 가을　　④ 겨울
   2. 한국의 봄은 날씨가 어때요? (　　　　)
      ① 덥다　　② 춥다　　③ 따뜻하다　　④ 차갑다
   3. 북경에서 겨울에는 무슨 놀이를 해요? (　　　　)
      ① 꽃놀이　　② 수영　　③ 단풍놀이　　④ 스케이트

二　阅读短文，回答问题。(잘 읽고 대답하세요.)

> 마이클 씨의 고향은 하와이입니다. 하와이에는 눈이 오지 않습니다. 언제나 여름 날씨입니다. 마이클 씨는 지금 서울에서 한국어를 공부합니다. 마이클 씨는 한국의 사계절을 좋아합니다. 봄에는 개나리꽃과 진달래꽃, 벚꽃이 많이 핍니다. 한국의 여름은 6월, 7월, 8월입니다. 아주 덥습니다. 그리고 비도 많이 옵니다. 사람들이 바다에 수영하러 갑니다. 가을에는 단풍이 아주 아름답습니다. 하늘도 높습니다. 겨울에는 눈이 옵니다. 사람들이 눈사람을 만듭니다. 눈싸움을 합니다. 아주 춥습니다. 그렇지만 마이클 씨는 한국의 겨울을 아주 좋아합니다.

1. 마이클 씨 고향의 날씨는 어때요?
2. 한국의 봄에는 어떤 꽃들이 핍니까?
3. 한국의 여름은 어때요?
4. 어느 계절에 단풍이 아름다워요?
5. 한국의 겨울은 어때요?

三　听写。(잘 듣고 쓰세요.)

1. _____
2. _____
3. _____

4. _____

5. _____

6. _____

四 选择正确答案。(맞는 답을 고르세요.)

그림의 (　　　). (画中之糕——可望不可即。)

① 만두　　② 떡　　③ 산　　④ 용

五 填写俗语。(맞는 속담을 쓰세요.)

ㄱ: 이 차 좀 봐요. 너무 멋있어요.

ㄴ: 보면 뭘해. 너무 비싸서 나에게는(　　　　　)이야.

〈补充单词 보충단어〉

미용실	（名）	美容美发店
스키를 타다	（词组）	滑雪
스케이트를 타다	（词组）	滑冰
건조하다	（形）	干燥
비슷하다	（形）	差不多

第21课 顺序 순서

【学习重点】
1. 掌握韩国语数字的运用方法。
2. -(으)ㄴ 후에, -(으)ㄴ 다음에
3. -기 전에
4. -고 (并列)
5. -(으)ㄹ까요?
6. 그래서

〈发音 point〉

一 发音方法。(발음 방법.)

音变现象

① 同化音变：收音 "ㄷ"（含：ㅅ,ㅆ,ㅈ,ㅊ,ㅌ,ㅎ）后接辅音 "ㅇ,ㄴ,ㅁ" 时，收音 "ㄷ"（含ㅅ,ㅆ,ㅈ,ㅊ,ㅌ,ㅎ）一律发 "ㄴ" 音。

例如：끝나다〔끈나다〕 닫는〔단는〕 짓는〔진는〕
있는〔인는〕 맞는〔만는〕

② 紧音音变：收音 "ㄱ" 后接辅音 "ㄱ" 时，辅音 "ㄱ" 要发成紧音 "ㄲ"。

例如：읽고〔일꼬〕

二 跟读。(잘 듣고 따라 읽으세요.)

1. 한국 오기 전에 무엇을 했습니까?
2. 수업 끝난 뒤에 선물 사러 같이 갑시다.
3. 사람들은 아침 일찍 일어나 운동을 합니다.
4. 저는 책을 읽고 생각하는 것을 좋아합니다.
5. 집에서 저녁을 먹고 텔레비전을 봅니다.
6. 퇴근한 후에 일찍 집에 갈 생각입니다.

<词汇 check>

一 选词填空。(맞는 것을 골라 쓰세요.)

> 학원 백화점 냉면 약 기숙사 수업 샤워하다 퇴근하다
> 잊어버리다 식다 늘다 이사하다 방학하다 돌아가다 얼마나 -쯤

1. 학원에서 집까지 (　　　　　) 걸리나요?
2. 너는 방학하면 집으로 (　　　　)?
3. 숙제 하는 것을 (　　　　) 마십시오.
4. 기숙사에서 (　　　　) 수 있습니까?
5. 요즘 날씨가 추워져서 감기에 걸려 (　　　　)을 먹는 사람들이 (　　　　).

<语法 check>

一 参照例子完成句子。(<보기>와 같이 완성하세요.)

> ① "-(으)ㄴ 후에, -(으)ㄴ 다음에" 接动词词干之后，表示"在……之后"的意思。
> ② "-기 전에" 接动词词干后，表示"在……之前"的意思。
>   <例 (보기) >
>   세수 – 밥: 세수한 후에 밥을 먹을 것입니다.
>   점심 – 이: 점심을 먹은 다음에 이를 닦습니다.
>   손님 – 청소: 손님이 오기 전에 빨리 청소합시다.

1. 선물 – 생일 잔치 :
2. 수업 – 점심 식사 :
3. 공부 – 산책 :
4. 약 – 쉬다 :
5. 직장 – 결혼 :

6. 선생님 – 숙제 :

7. 자다 – 이 :

二 参照例子完成句子。(보기와 같이 완성하세요.)

> 连结词尾 "고" 用于动词、形容词词干后，连接两个分句，表示并列关系。相当于汉语的 "……还……" "既……又……"。
> <例 (보기) > 나는 어제 영화를 보았습니다. 그리고 (나는) 책을 읽었습니다.
> → 나는 어제 영화를 보고 책을 읽었습니다.

1. 그는 키가 크다. 잘 생겼다.
   →

2. 여름은 비가 많이 온다. 매우 덥다.
   →

3. 나는 방학에 여행을 할 것이다. 할머니도 만날 것이다.
   →

4. 친구와 빵을 먹었습니다. 음료수도 마셨습니다.
   →

5. 엄마는 회사에 가셨습니다. 아빠는 운동을 하러 가셨습니다.
   →

三 参照例子完成对话。(<보기>와 같이 대화를 완성하세요.)

> "-(으)ㄹ까요?" 接动词、形容词词干后，用于口语，表示征询对方他人的意见。
> <例 (보기) > ㄱ: 공원에 갈까요?
> ㄴ: 공원 말고 백화점에 갑시다.

1. ㄱ: 어디에서 만날까요?
   ㄴ: _____

2. ㄱ: 이것은 누구에게 선물할까요?
   ㄴ: _____

3. ㄱ : 우리 무엇을 먹을까요?
   ㄴ : _____

4. ㄱ : 우리 노래방에 갈까요?
   ㄴ : _____

四 参照例子写出答案。(〈보기〉와 같이 쓰세요.)

> "그래서"连接上下文，表示因果关系。相当于汉语的"……因而……" "……所以……"。
> 〈例(보기)〉나는 산을 아주 좋아해서 산에 자주 갑니다.
>   → 나는 산을 아주 좋아합니다. 그래서 산에 자주 갑니다.

1. 오늘 감기에 걸려서 결석을 했습니다.
   →

2. 오늘은 휴일이라 가족들과 공원에 놀러 갔습니다.
   →

3. 영화가 무척 재미있어서 많은 사람들이 좋아합니다.
   →

4. 숙제를 못 해서 선생님한테 혼이 났습니다.
   →

5. 지갑을 잃어버려서 물건을 하나도 못 샀습니다.
   →

〈理解 exercise〉

一 听录音，选择正确答案。(잘 듣고 맞는 답을 고르세요.)

1. 이번 주말에 왕호 씨와 지민 씨는 어디에 갑니까? (   )
   ① 백화점   ② 박물관   ③ 영화관   ④ 도서관

2. 두 사람은 영화를 보기 전에 무엇을 합니까? (   )
   ① 책을 산다   ② 점심을 먹는다
   ③ 집에서 쉰다   ④ 커피를 마신다

3. 두 사람은 영화를 본 후에 어디에 갑니까? (   )
   ① 커피숍   ② 상점   ③ 백화점   ④ 서점

二、阅读短文，并回答问题。(잘 읽고 대답하세요.)

> 오늘은 수미 씨 생일이에요. 나는 친구들과 수미 씨 집에 가기 전에 선물을 샀어요. 오후 5시에 수미 씨 집에 도착했어요. 수미 씨는 우리를 기다리고 있었어요. 우리는 수미 씨에게 생일 케이크와 장미꽃 한 다발을 선물했어요. 수미 씨는 아주 좋아했어요. 우리는 수미 씨 어머니가 요리한 음식을 맛있게 먹은 후에 수미 씨 사진을 보았어요. 우리는 집으로 돌아 오기 전에 커피도 마시고 이야기도 많이 했어요. 기분이 정말 좋았어요.

1. 오늘은 무슨 날이에요?
2. 수미 씨 집에 가기 전에 무엇을 했어요?
3. 수미 씨에게 무엇을 선물했어요?
4. 수미 씨 집에서 무엇을 했어요?

三、听写。(잘 듣고 쓰세요.)

1. _____
2. _____
3. _____
4. _____
5. _____
6. _____

四、使用下列词或词组，写出自己的一日作息活动。(보기를 사용하여 자기 일과를 써 보세요.)

-기 전에	-(으)ㄴ 후에	-(으)ㄴ 다음에	-고
그래서	한국말을 공부하다	기숙사에 살다	이사하다
수업이 끝나다	집에 가다	학교에 가다	선물을 사다
아침을 먹다	운동을 하다	잠을 자다	회사에 가다
퇴근하다	책을 읽다	샤워를 하다	

五、 阅读。(읽어 보세요.)

> 한국에서 우유는 세 가지 표현이 있어요. 고유어인 '소젖'과 한자어인 '우유' 그리고 영어 발음으로 적는 '밀크'예요. 한국 사람들은 '우유'와 '밀크'는 자주 사용하지만 '소젖'이란 말은 잘 쓰지 않아요. 젊은이들은 '밀크'라고 말하면 현대적이고 '소젖'이라고 말하면 너무 촌스러워서 다른 사람들이 웃을 거라고 생각하지요.①

<补充单词 보충단어>

잔치	（名）	宴会
산책	（名）	散步，遛弯
직장	（名）	工作单位
자장면/짜장면	（名）	炸酱面
노래방	（名）	歌厅
혼이 나다	（词组）	被骂
잃어버리다	（动）	丢掉，丢失
생일 케이크	（名）	生日蛋糕
다발	（名）	束，捆
소젖	（名）	牛奶
한자어	（名）	汉字词
밀크	（名）	牛奶
사용	（名）	使用
촌스럽다	（形）	土气，粗俗
젊은이	（名）	年轻人
현대적	（名）	现代化，时髦

---

① 译文：在韩国语中，牛奶有三种说法。韩国语的固有词称牛奶为"소젖"，汉字词为"우유"，外来词为"밀크"。实际生活中常用的是"우유"和"밀크"，却不怎么用"소젖"。年轻人觉得说"밀크"时髦，而说"소젖"太土。

第22课 家庭 가족

【学习重点】
1. 熟悉掌握韩国语敬语和谦语的使用方法。
2. -(으)시-
3. 谦语
4. -께서, -께서는, -께

<发音 point>

一 发音方法。(발음 방법.)

音变现象

① 同化音变：收音"ㄱ"(含ㄲ, ㅋ, ㄳ, ㄺ)后接辅音"ㅇ, ㄴ, ㅁ"时，收音"ㄱ"(含ㄲ, ㅋ, ㄳ, ㄺ)要发成鼻音"ㅇ"音。例如：작년〔장년〕깎는〔깡는〕

② 同化音变：收音"ㅊ"后接辅音"ㅁ"时，"ㅊ"要发成"ㄴ"音。例如：몇 명〔면명〕

③ 增音音变：收音"ㄴ"后接元音"이"时，"이"要发成"니"。例如：무슨 일〔무슨닐〕

二 跟读。(잘 듣고 따라 읽으세요.)

1. 당신은 가족이 모두 몇 명입니까?
2. 제 동생은 지금 고등학교에 다닙니다.
3. 할아버지께서는 작년에 돌아가셨습니다.
4. 저는 부모님께 편지를 자주 씁니다.
5. 부인께서는 무슨 일을 하십니까?
6. 아버지께서는 사십 년 동안 같은 회사에 다니십니다.

<词汇 check>

一 为左侧的词语找到正确的敬语形式并连线。(높임말을 찾아 연결하세요.)

1. 부모 •   • ㉠ 생신
2. 있다 •   • ㉡ 돌아가시다
3. 죽다 •   • ㉢ 잡수시다
4. 이름 •   • ㉣ 성함
5. 먹다 •   • ㉤ 편찮으시다
6. 말하다 •   • ㉥ 부모님
7. 아프다 •   • ㉦ 계시다
8. 집 •   • ㉧ 댁
9. 생일 •   • ㉨ 말씀하시다

<语法 check>

一 参照例子填表。(보기와 같이 표를 완성하세요.)

说者在对话中涉及的人比自己年纪大或是上级、长辈时，在词干与词尾中间加主体尊敬词尾"-(으)시-"，表示尊敬。主体尊敬词尾"-(으)시-"与非常尊敬的陈述式终结词尾连用时，为"-(으)십니다"或"-(으)셨습니다"；与一般尊敬的陈述式终结词尾连用时，为"-(으)세요"或"-(으)셨어요"。

<例(보기)> 오다 → 오 + 시 + ㅂ니다 → 오십니다

읽다		보내다		쉬다	
쓰다		가르치다		걷다	
하다		웃다		크다	
자다		입다		뛰다	

二　先填表，仿照例子改写。(〈보기〉와 같이 고치세요.)

敬语（对上用语）
① 为了表示对主语的尊敬，部分动词有与其对应的专门用于表示尊敬的敬语体。
　　例如：있다 → 계시다　　　→ 드시다/잡수시다
② 为了表达尊敬，转换与自己所尊敬的对象相关联的名词。
　　例如：집 → 댁　　　　말 → 말씀

单词	敬语	单词	敬语	单词	敬语
집		밥		자다	
이름		아들		죽다	
생일		딸		있다	
말		묻다		주다	
나이		먹다		아프다	

〈例（보기）〉 어머니께서 말을 합니다. → 어머니께서 말씀을 하십니다.

1. 아버님은 무엇을 합니까? →
2. 너는 누구입니까? →
3. 많이 먹으십시오. →
4. 우리 할아버지는 작년에 죽었습니다. →
5. 선생님은 이름이 어떻게 됩니까? →
6. 실례지만 나이가 어떻게 됩니까? →

三　仿照例子改写。(〈보기〉와 같이 고치세요.)

〈例（보기）〉 어머니께서 말을 합니다. → 어머니께서 말씀을 하십니다.

1. 아버님께서는 무엇을 합니까? →
2. 너는 누구십니까? →
3. 많이 먹으십시오. →
4. 우리 할아버지는 작년에 죽었습니다. →

5. 선생님은 이름이 어떻게 되십니까? →

6. 실례지만 나이가 어떻게 됩니까? →

四 参照例子写出答案。(<보기>와 같이 쓰세요.)

> 谦语：当听者是说者的长辈或上级时，说话人用以下形式表示自谦，以示对听者的尊敬。
>
>   나→저　　　　　　　　우리→저희
>
> **注意**："저"与主格助词"-가"连接时，写成"제가"；与属格助词"-의"连接时，写成"저의"或"제"。
>
> <例(보기)> ㄱ: 이 우산이 누구의 것입니까?
>   ㄴ: 제 것입니다.

1. ㄱ: 이것은 누구의 것입니까?
   ㄴ: _____

2. ㄱ: 누가 이것을 만들었습니까?
   ㄴ: _____

3. ㄱ: 너희들이 북경에서 온 학생들이니?
   ㄴ: _____

4. ㄱ: 너희들도 같이 산책갈래?
   ㄴ: _____

五 参照例子完成句子。(<보기>와 같이 완성하세요.)

> -께서, -께서는, -께:
> 1. 当句子主语代表的人比说者地位高时，不仅谓语要变化，助词"-이/가""-은/는"也要分别转换成"-께서"和"-께서는"。
> 2. 在使用"-에게/한테"的句子中，当"-에게/한테"前面的人比主语地位高时，要将"-에게/한테"换为"-께"，句子的谓语也要换为相应的敬体，如"주다, 말하다"等应该换为相应的"드리다"和"말씀드리다"。
>
> <例(보기)> 아버지, 출근하다 → 아버지께서 출근을 하십니다.

1. 부모님, 일하다 →

2. 선생님, 오다 →

3. 어머니, 만들다 →

4. 아버지, 주무시다 →

5. 선물, 누구, 주다 →

6. 부모님, 말씀드리다 →

〈理解 exercise〉

一、听录音，后选择正确答案。(잘 듣고 맞는 답을 고르세요.)

1. 리칭 씨 가족은 어디에 있습니까? (　　　)
   ① 천진　　② 북경　　③ 인천　　④ 서울
2. 리칭 씨 가족은 모두 몇 명입니까? (　　　)
   ① 3명　　② 4명　　③ 5명　　④ 6명
3. 리칭 씨 어머니께서는 무슨 일을 하십니까? (　　　)
   ① 의사　　② 선생님　　③ 회사원　　④ 공무원
4. 리칭 씨는 무엇을 전공합니까? (　　　)
   ① 한국어　　② 경영학　　③ 음악　　④ 노래

二、阅读下列短文，回答问题。(잘 읽고 대답하세요.)

> 우리 가족은 모두 일곱 명입니다. 할아버지와 할머니, 아버지와 어머니가 계시고, 언니와 저 그리고 남동생이 있습니다. 아버지께서는 회사에 다니십니다. 어머니께서는 학교 선생님이십니다. 언니는 의사입니다. 제 동생은 고등학교 학생입니다. 저는 대학교에서 경영학을 공부하고 있습니다. 우리 가족은 모두 인천에 삽니다. 그렇지만 나는 학교 기숙사에서 삽니다.

1. 나는 남자입니까? 여자입니까?
2. 부모님께서는 무슨 일을 하십니까?
3. 언니의 직업은 무엇입니까?
4. 나와 동생은 모두 대학생입니까?
5. 우리 가족 일곱 명은 모두 인천에 삽니까?

三 听写。(잘 듣고 쓰세요.)

1. _____
2. _____
3. _____
4. _____
5. _____
6. _____

四 选择正确答案。(맞는 답을 고르세요.)

( ) 마른 사람이 우물 판다.
(临渴掘井；临时抱佛脚。)

① 목　　　② 입　　　③ 손　　　④ 발

五 填写俗语。(맞는 속담을 쓰세요.)

ㄱ: 어머, 네가 어떻게 빨래를 다 하니?
ㄴ: (　　　　　　　)고 어머니는 바쁘시고 입을 옷은 없고 해서 제가 한 번 했어요.

第23课 药店 약국

【学习重点】
1. 熟练掌握有关身体的词汇和疾病的说法。
2. -아/어서
3. -아/어야 하다/되다
4. -지 말다
5. 词干元音"ㅡ"音的脱落

〈发音 point〉

一、发音方法。(발음 방법.)

音变现象

① 脱落音变：收音"ㅎ, ㄶ"后接元音时，"ㅎ"音脱落，不发音。
例如：편찮으십니까? 〔편차느심니까〕
　　　많이 〔마니〕

② 送气音变：收音"ㅎ, ㄶ"后接辅音"ㄱ, ㄷ, ㅂ"时，辅音"ㄱ, ㄷ, ㅂ"要发成"ㅋ, ㅌ, ㅍ"。
例如：어떻게 〔어떠케〕

③ 紧音音变：收音"ㅎ"后接辅音"ㅅ"时，辅音"ㅅ"要发成紧音"ㅆ"。
例如：어떻습니까 〔어떠씀니까〕

二、跟读。(잘 듣고 따라 읽으세요.)

1. 어디가 편찮으십니까?
2. 증세가 어떻습니까?
3. 목이 많이 아프고 기침을 합니다.
4. 볶음밥과 돼지고기 튀김을 먹었습니다.
5. 많이 춥고 소화가 안돼요.
6. 찬 음식을 조심하고 집에서 푹 쉬십시오.

<词汇 check>

一、选择与下面5个词相关联的词填在各词下方横线上。(관련 있는 단어를 찾아 쓰세요.)

죽	기침하다	얼굴	약
토하다	눈썹	슬프다	아프다
약사	화가 나다	콧물이 나다	열이 나다
튀김	목	어지럽다	아이스크림
나쁘다	기쁘다	볶음밥	엉덩이

1. 약 국
   _____

2. 증 세
   _____

3. 음 식
   _____

4. 기 분
   _____

5. 신 체
   _____

第23课 药店

〈语法 check〉

一 参照例子完成句子。(〈보기〉와 같이 완성하세요.)

> 连接词尾 "-아/어/여서" 接动词、形容词词干后，表示原因、理由。"-아/어서" 不与表示时制的词尾连用，也不能用于命令句和共动句中。在 "名词+이다" 后常用 "-라서"。相当于汉语的 "由于……" "因为……"。
> 〈例(보기)〉 ㄱ: 왜 이렇게 늦었습니까?
> ㄴ: 길이 막혀서 늦었습니다. 미안합니다.

1. _____ 감기에 걸렸습니다.
2. _____ 엄마께 혼났습니다.
3. _____ 정말 기분이 좋았습니다.
4. _____ 성적이 떨어졌습니다.
5. _____ 잠을 못 잤습니다.
6. _____ 선물을 사러 백화점에 갔습니다.

二 参照例子完成句子。(〈보기〉와 같이 쓰세요.)

> ① "-아/어/여야 하다/되다" 接动词或形容词词干后，表示 "应当"，在口语中常用 "-아/어/여야 되다"。
> ② "-지 말다" 接动词词干后，表示 "禁止" 或 "劝阻"。与命令形词尾连用时，变为 "-지 마십시오(마세요)"；与共动形词尾连用时，变为 "-지 맙시다(말아요)" 或 "-지 말고…-(으)십시오/ㅂ시다"。
> 〈例(보기)〉① 전화가 왔습니다. <u>지금 전화를 받아야 합니다.</u>
> ② 오늘 갑시다. <u>오늘 가지 말고 내일 갑시다.</u>

1. 늦게 일어났습니다. _____
2. 배가 몹시 고픕니다. _____
3. 열이 많이 납니다. _____

4. 내일이 시험입니다. _____

5. 비가 올 것 같습니다. _____

6. 일요일에 만날까요? _____

7. 저 식당에 갑시다. _____

三、参照例子填表。(<보기>와 같이 표를 완성하세요.)

> 词干元音"ㅡ"音的脱落:词干以"ㅡ"结尾的大部分谓词,后接元音"아/어/여"时,"ㅡ"一般都脱落。当"ㅡ"前面的音节是"ㅏ"或"ㅗ"时,变为"아";当"ㅡ"前面的音节是"ㅏ""ㅗ"以外的元音或其前面没有其他音节时,"으"和아/어/여合起来变为"어"。
>
> <例(보기)>
>
> 아프다 → 아파요　　　아파서　　　아팠어요

기쁘다			
쓰다			
아프다			
고프다			
예쁘다			
나쁘다			

<理解 exercise>

一、听录音,选择正确答案。(잘 듣고 맞는 답을 고르세요.)

1. 민수 씨의 아픈 증상이 아닌 것은 무엇입니까? (　　)

① 머리가 아프다　　　② 콧물이 난다

③ 목이 아프다　　　　④ 기침을 한다

2. 민수 씨는 언제부터 아팠습니까? (　　)

① 이제 낮　　　　　② 어제 오후

③ 어제 저녁　　　　④ 오늘 새벽

第23课 药店

3. 민수 씨는 며칠 후에 다시 병원에 갑니까? (　　　　)
① 2일　　　　　　　　② 3일
③ 4일　　　　　　　　④ 5일

二 阅读短文、回答问题。(잘 읽고 대답하세요.)

> 수진 씨는 오늘 수업이 끝난 (㉠) 약을 사러 약국에 갔습니다. 약사에게 "어제 밤부터 춥고 소화가 안 돼요."라고 말했습니다. 약사는 수진 씨에게 약 6봉지를 주었습니다. "식사를 하시고 30분 후에 이 약을 드세요. 하루에 세 번 드세요. 그리고 오늘은 죽을 드셔야 합니다."라고 말했습니다. 수진 씨는 집에 가서 약을 먹은 (㉠) 쉬었습니다.

1. ㉠에 알맞은 답을 쓰세요. (　　　　)
2. 수진 씨는 어떻게 아팠습니까?
3. 수진 씨는 약을 몇 봉지 받았습니까?
4. 약사는 수진 씨에게 어떻게 말했습니까?

三 听写。(잘 듣고 쓰세요.)

1. _____
2. _____
3. _____
4. _____
5. _____
6. _____

四 选择正确答案。(맞는 답을 고르세요.)

> (　　　　)이 많으면 배가 (　　　　)으로 올라간다.
> (艄公多，船上山；人多口杂难成事。)

① 선생, 하늘　　② 기사, 들　　③ 사공, 산　　④ 어부, 땅

五　填写俗语。(맞는 속담을 쓰세요.)

ㄱ: 이번 주말 산으로 등산 갈까요?

ㄴ: 아니에요, 바다에 가고 싶어요.

ㄷ: 아니에요, 기차 타고 여행가고 싶어요.

ㄹ: (　　　　　　　　　　　　　)고 저도 잘 모르겠어요. 그럼, 우리 선생님에게 물어봅시다.

<补充单词 보충단어>

배가 고프다	(词组)	肚子饿
처방	(名)	处方
식후	(名)	饭后

第24课 交通 교통

【学习重点】
1. 掌握利用交通工具及位置、时间的说法。
2. (交通工具) + -을 타고 가다/오다, (交通工具) + -(으)로 가다/오다
3. (交通工具) + -을/를 갈아타다, (交通工具) + -(으)로 갈아타다
4. (时间)걸리다
5. -에서

〈发音 point〉

一 发音方法。(발음 방법.)

音变现象

同化音变: 收音 "ㅇ" 后接辅音 "ㄹ" 时, 辅音 "ㄹ" 要发成 "ㄴ" 音。
例如: 종로 〔종노〕   정류장 〔정뉴장〕

二 跟读。(잘 듣고 따라 읽으세요.)

1. 학교에 올 때 어떻게 와요?
2. 집에서 학교까지 아주 가까워서 걸어와요.
3. 걸어서 오면 15분쯤 걸립니다.
4. 버스를 타면 종로 3가에서 내리십시오.
5. 여기에서 종로 3가까지 시간이 얼마나 걸립니까?
6. 여기서 종로까지 몇 정류장 가야 됩니까?

〈词汇 check〉

一 选词填空。(맞는 것을 골라 쓰세요.)

| 걸리다 | 우연히 | 내리다 | 교통 | 어떻게 |
| 멀다 | 1호선 | 갈아타다 | 쯤 | 정도 |

1. 부산에서 런던까지 (　　　　　　　　　) 갑니까?
2. 잠실 운동장에서 서울역까지 얼마나 (　　　　　　　　　)?
3. 종로 3가에 가려면 지하철 (　　　　　　　)을 타십시오.
4. 시내에서 집까지 (　　　　　　　　)?
5. 민속촌에 가고 싶어요. 어느 지하철역에서 (　　　　　　　　)합니까?
6. 런던 같은 대도시는 (　　　　　　　　) 이 복잡합니다.
7. 길에서 (　　　　　　　) 옛 친구를 만났습니다.

〈语法 check〉

一 参照例子完成句子。(〈보기〉와 같이 완성하세요.)

> (交通工具) + -을/를 타고 가다/오다
>
> (交通工具) + -(으)로 가다/오다
>
> "-을/를 타다" 接在表示交通工具的名词后, 表示 "乘用……"。要表达 "使用某种交通工具去某地" 这一含义时, 用 "-을/를 타고 가다/오다" 这一句式, "-(으)로 가다/오다" 与 "-을/를 타고 가다/오다" 意义相同。
>
> <例 (보기) > 집에서 학교까지 뭘 타고 옵니까? (버스)
> → 집에서 학교까지 버스로 옵니다.

1. 집에서 백화점까지 뭘 타고 옵니까? (지하철)
 →

2. 경복궁에서 집까지 뭘 타고 옵니까? (택시)
 →

3. 왕푸징에서 동단까지 뭘 타고 갑니까? (자전거)
 →

4. 잠실역에서 잠실 운동장까지 어떻게 갑니까? (걷다)
 →

5. 압구정역에서 종로까지 어떻게 갑니까? (버스)
 →

二　参照例子完成句子。(<보기>와 같이 완성하세요.)

> "-을/를 갈아타다"是"换车，换乘"的意思。"-을/를 갈아타다"指换乘前后为同一种交通工具。而"-(으)로 갈아타다"则是换乘前后为两种不同的交通工具之间的转换。
> <例> 동대문에서 지하철을 갈아탑니까?
> 　　　먼저 버스를 타고, 우체국 앞에서 지하철로 갈아타야 합니다.

1. 학교 /버스, 지하철
2. 집-경복궁 /30번 버스, 종로 3가에서 154번 버스
3. 할아버지댁 /기차, 버스
4. 집-종로 5가 / 지하철 2호선, 지하철 1호선
5. 잠실 운동장 /학교 앞 버스, 동대문 운동장에서 지하철

三　参照例子完成句子。(<보기>와 같이 완성하세요.)

> "-걸리다"接表示时间的名词后，表示做某事所需要的时间。
> <例 (보기) >
> 집 - 학교, 걷다/ 20분 → 집에서 학교까지 걸어서 20분 걸립니다.

1. 서울 - 북경, 비행기/ 2시간 →
2. 제주도 - 인천, 배/ 8시간 →
3. 서울 - 경주, 고속버스/ 5시간 →
4. 집 - 공원, 자전거/ 20분 →
5. 대전 - 대구, 자동차/ 3시간 →

四　参照例子完成对话。(<보기>와 같이 대화를 완성하세요.)

> "-에서" 接表示场所的名词后，表示出发地点。"-에서"还常与表示到达地点的"-까지"连用，构成"-에서…-까지"的结构，相当于"从……到……"。
> <例 (보기) > ㄱ: 어디에서 왔습니까?
> 　　　　　　ㄴ: 중국에서 왔습니다.

1. ㄱ : 집에서 학교까지 가까워요?
   ㄴ : _____

2. ㄱ : 서울에서 북경까지 어떻게 갑니까?
   ㄴ : _____

3. ㄱ : 학교에 어떻게 갈 것입니까?
   ㄴ : _____

4. ㄱ : 공원에서 출발할 것입니까?
   ㄴ : _____

5. ㄱ : _____
   ㄴ : 5시간 정도 걸립니다.

〈理解 exercise〉

一 听录音，选择正确答案。(잘 듣고 맞는 답을 고르세요.)

1. 왕위 씨는 뭘 타고 공항에 갈 거예요? (　　　)
   ① 지하철　　　② 자동차　　　③ 기차　　　④ 공항버스
2. 학교 앞에서 몇 번을 탑니까? (　　　)
   ① 306번　　　② 386번　　　③ 603번　　　④ 683번
3. 공항까지 얼마 정도 걸립니까? (　　　)
   ① 80분　　　② 90분　　　③ 100분　　　④ 110분
4. 학교에서 공항버스 타는 곳까지 어떻게 갑니까? (　　　)
   ① 자전거로　　　② 걸어서　　　③ 버스로　　　④ 지하철로

二 阅读下列短文，回答问题。(잘 읽고 대답하세요.)

　　나는 지난 휴가에 친구와 같이 경주에 갔습니다. 경주는 전부터 아주 가 보고 싶었습니다. 우리는 학교 앞 지하철역에서 만났습니다. 지하철 2호선을 타고 가다가 교대역에서 3호선으로 갈아탔습니다. 그리고 고속버스터미널역에 도착했습니다. 학교에서 고속버스터미널까지 약 30분 정도 걸렸습니다. 우리는 경주까지 가는 고속버스를 탔습니다. 서울에서 경주까지 4시간쯤 걸렸습니다. 교통이 복잡하고 사람들이 많았습니다. 그렇지만 이번 여행이 아주 재미있었습니다.

1. 나는 지난 휴가에 무엇을 했습니까?
2. 우리는 학교 앞에서 고속버스터미널까지 어떻게 갔습니까?
3. 우리는 경주까지 어떻게 갔습니까?
4. 오전 11시에 서울에서 고속버스를 탔습니다. 몇 시에 경주에 도착했습니까?

三 听写。(잘 듣고 쓰세요.)

1. _____
2. _____
3. _____
4. _____
5. _____
6. _____

四 选择正确答案。(맞는 답을 고르세요.)

종로에서 (　　　　　) 맞고 한강에서 (　　　　　) 흘긴다.
(在钟路挨嘴巴到汉江翻白眼——拿别人当出气筒)

① 귀, 코　　　　② 뺨, 눈　　　　③ 손, 눈　　　　④ 등, 코

五 阅读。(읽어 보세요.)

설날과 떡국

한국의 가장 중요한 명절은 설날이에요. 한국 사람은 정월 초하루 아침에 떡국을 먹어요. 설날의 떡국은 흔히 첨세병이라고도 해요. 이는 떡국을 먹으면 한 살을 더 먹게 된다는 뜻에서 붙여진 것이에요. 이런 까닭에 나이를 물을 때 떡국을 몇 그릇이나 먹었느냐고 비유하여 묻기도 해요.①

---

① 参考译文：**春节与年糕汤**
韩国最重要的节日是春节。韩国人正月初一早上要吃年糕汤。春节的年糕汤也叫添岁饼，这是因为吃年糕汤标志着长一岁。由此，韩国人问对方的年龄时会比喻说："你吃了几碗年糕汤？"

〈补充单词 보충단어〉

왕푸징	(名)	王府井
둥딴	(名)	东单
대전	(名)	大田
대구	(名)	大邱
공항버스	(名)	机场巴士
경주	(名)	庆州
터미널	(名)	地铁站，火车站
설날	(名)	春节
떡국	(名)	年糕汤
명절	(名)	节日
정월	(名)	正月
초하루	(名)	初一
물만두	(名)	饺子，水饺
첨세병	(名)	添岁饼
그릇	(名)	碗
비유	(名)	比喻

综合练习4 종합연습4

题号	一	二	三	四	五	满分
满分	20	20	20	20	20	100
所得分						

一 听写。(잘 듣고 쓰세요.) (20分)

1. _____
2. _____
3. _____
4. _____
5. _____
6. _____
7. _____
8. _____
9. _____
10. _____

二 选择正确答案填空。(맞는 것을 골라 쓰세요.) (20分)

```
-고 싶다      연세       무슨       그러면      -이    -가   -은   -는
-(으)러 가다   걸리다     -로 가다   -(으)ㄴ 후에           -기 전에
-ㄹ까요?      -에서      -까지      -께서                 -께서는        -께
-아서/어서    -아/어야 하다/되다    -지 말고              -으십시오/십시오
```

1. 할아버지 (   ) 올해 (   ) 가 80이십니다.
2. 중국 (   ) 한국 (   ) 비행기로 가면 무척 가깝습

니다.

3. 또 출장을 가야 합니다. 출장(　　　　　　　) 가족들과 같이 여행 가(　　　　　).

4. 학교에 택시(　　　　　　) 돈이 많이 듭니다.

5. 우리 같이 식사(　　　　　　)?

6. 옷을 얇게 입고 다녀서 감기에 (　　　　　　) 것 같아요.

7. 얼굴색이 안 좋아요. (　　　　　　) 일 있어요?

8. (　　　　　) 일하(　　　　　) 쉬(　　　　　).

9. 이번 일 (　　　　　) 내 책임이 아닙니다.

10. 아버지 (　　　　　) 이것을 갖다 드리세요.

三 改错。(틀린 곳을 고치세요.) (20分)

1. 북경에서 서울로 비행기로 두 시간 걸립니다. →

2. 오늘은 어머니 생일이어서 빨리 집에 갈까요? →

3. 나는 학교에서 버스을 한 번 갈고 옵니다. →

4. 무엇 일이 있어도 공부를 계속 해서 합니다. →

5. 내일에서 등산을 하고 싶었습니다. →

6. 저는 월요일부터 금요일이 수업이 있습니다. →

7. 왕동 씨는 졸업하기 후에 취직을 할 생각입니다. →

8. 시험을 보기 후에 놀고 열심히 공부하세요. →

9. 글씨를 쓰었을 때 예뻐게 쓰십시오. →

10. 이번 시험을 잘 봤어 너무 기쁘었습니다.

四 阅读短文，回答问题。(잘 읽고 대답하세요.) (20分)

> 한국에는 사계절이 있습니다. (　㉠　)에는 날씨가 따뜻하고 꽃이 많이 핍니다. 여름에는 사람들이 바다와 산으로 여행을 갑니다. (　㉡　)에는 산에 단풍이 아주 예쁩니다. 겨울에는 춥고 눈이 많이 옵니다. 아이들이 아주 좋아합니다.

1. 맞는 것을 고르세요. (4分) (　　　　)

① 봄에는 비가 많이 옵니다.　　② 여름에는 사람들이 여행을 갑니다.

③ 가을에는 산에 꽃이 예쁩니다.　　④ 겨울에는 춥고 눈이 오지 않습니다.

2. 아이들이 아주 좋아하는 계절은 언제예요? (4分) (　　　)
　① 봄　　② 여름　　③ 가을　　④ 겨울
3. ㉠에 알맞은 단어를 쓰세요. (6分)(　　　　　　)
4. ㉡에 알맞은 단어를 쓰세요. (6分)(　　　　　　)

五 选择正确答案填空。(맞는 답을 골라 쓰세요.) (20分)

기사　사공　땅　산　눈　뺨　감초　떡잎
목마른 사람이 우물 판다　　금강산도 식후경
개밥의 도토리　　　　　　　그림의 떡

1. (　　　　　)이 많으면 배가 (　　　　　　)으로 올라간다.
2. 종로에서 (　　　　) 맞고 한강에서 (　　　　　) 흘긴다.
3. (　　　　　　)이라고 먼저 밥부터 먹고 봅시다.
4. 저 차는 너무 비싸서 나에게 (　　　　　　)이야.
5. (　　　　　　　)고 어머니는 바쁘시고 입을 옷은 없고 해서 제가 빨래 한 번 했어요.

第25课 打电话 전화하기

【学습重点】

1. 熟练读出电话号码。
2. -지요?
3. -아/어 주다
4. -는데요
5. 그런데

<发音 point>

一 发音方法。(발음 방법.)

音变现象

① 同化音变：收音 "ㄴ" 后接辅音 "ㄹ" 时，收音 "ㄴ" 要发成 "ㄹ" 音。

例如：신라〔실라〕 천리〔철리〕 난로〔날로〕

② 同化音变：收音 "ㅆ" 后接辅音 "ㄴ" 时，"ㅆ" 要发成 "ㄴ" 音。

例如：외출하셨는데요〔외출하션는데요〕

二 跟读。(잘 듣고 따라 읽으세요.)

1. 여보세요, 왕동 씨 좀 부탁드립니다.
2. 실례지만 누구십니까?
3. 과장님 지금 외출하셨는데요.
4. 거기 신라 호텔이지요?
5. 아니요, 잘못 거셨는데요.
6. 선생님께서는 오늘 저녁 8시쯤 들어오실 거예요.

第25课　打电话

<词汇 check>

一　选词填空。(공통으로 맞는 것을 골라 쓰세요.)

| 동전 | 며칠 | 직원 | 여보 | 좀 | 칭찬 | 부탁 |
| 잘못 | 통화 | 제자 | 그런데 | 빌려 주다 | | 낫다 |

1. 미미 씨 (　　　) 부탁 드립니다. 미미 씨 (　　　) 바꿔 주십시오.
2. 여기는 식당이 아니라 회사입니다. (　　　) 걸었습니다. 엄마, 제가
   (　　　) 했어요.
3. 지금 (　　　)하실 수 있습니까?
   과장님은 (　　　) 중이십니다. 잠시만 기다려 주십시오.
4. 공중 전화를 할 때는 (　　　)을 넣어야 합니다.
   저금통에 지폐 대신 (　　　)을 넣었습니다.
5. (　　　) 전에 친구를 만났습니다. 나는 (　　　) 동안 아팠습니다.
6. 잠시 핸드폰 좀 (　　　). 이것이 그때 (　　　) 책입니다.

<语法 check>

一　参照例子朗读。(<보기>와 같이 읽어 보세요.)

在韩国语中，电话号码有两种读法：
① 一个一个地读数字，在区号和电话号码之间加"-에"。
② 区号与电话号码分开读，在区号后加"-국의"，在电话号码后加"번"。
<例 (보기) >　233 - 3131　→　이삼삼에 삼일삼일

1. 874 - 0405 →
2. 263 - 1204 →
3. 010 - 468 - 4498 →

4. 010 - 909 - 2253 →

5. 010 - 0909 - 7331 →

二 参照例子完成对话。(〈보기〉와 같이 대화를 완성하세요.)

> 疑问式终结词尾"-지요?"，表示说话人为了向听话人确认其已经知道的事实而提问。回答以"-지요"提问的疑问句时，一般都用"-습니다, -어요, -ㄴ데요"等词尾。
> 〈例 (보기) 〉 ㄱ: 저 영화 보셨지요?
>   ㄴ: <u>네, 며칠 전에 봤습니다.</u>

1. ㄱ: 요즘 어때요? 좀 바쁘지요?
   ㄴ: _____

2. ㄱ: 일 끝냈지요?
   ㄴ: _____

3. ㄱ: 아이들이 무척 귀엽지요?
   ㄴ: _____

4. ㄱ: 당신 아버지께서는 회사원이시지요?
   ㄴ: _____

5. ㄱ: 음식이 아주 맛있지요?
   ㄴ: _____

三 参照例子填表。(〈보기〉와 같이 표를 완성하세요.)

> "-아/어 주다"接动词词干后，表示"为别人做某事"。当表示对对方的尊敬时，一般用"-아/어드리다"的形式。当请求别人为自己做某事时，用"-아/어주십시오"。当请求听话人为比自己大或地位高的人做某事时，用"-아/어 드리다"。
> 〈例 (보기) 〉 빌리다 → 빌려 주다

돕다		설명하다	
먹다		넣다	
가다		잡다	
사다		신다	
가르치다		그리다	
읽다		웃다	

四 参照例子完成对话。(<보기>와 같이 대화를 완성하세요.)

> "-는/(으)ㄴ데요"在口语中常用做终结词尾，它比"-아/어요"更口语化。在表示现在时的句子中，在动词词干（包括있다，없다）后用"-는데요"，在形容词词干及"名词+이다"后用"-(으)ㄴ데요"。在过去时句子中，用"-았/었는데요"。
>
> <例（보기）>：ㄱ: 지금 뭐 하세요?
> ㄴ: 편지 쓰는데요.

1. ㄱ: 지금 뭐 하고 있어요?
   ㄴ: _____
2. ㄱ: 이 옷 어때요?
   ㄴ: _____
3. ㄱ: 내일 저와 같이 식사 하실래요?
   ㄴ: _____
4. ㄱ: 이번 방학 때 뭐 할 거예요?
   ㄴ: _____
5. ㄱ: 지금 보고 있는 책이 뭐니?
   ㄴ: _____

五 参照例子完成句子。(<보기>와 같이 완성하세요.)

> "그런데"是连接两个句子的连接副词，表示转折关系或话题的转变。
>
> <例（보기）> 어제는 날씨가 무척 추웠습니다. 그런데 →
> 어제는 날씨가 무척 추웠습니다. 그런데 오늘은 안 춥습니다.

1. 미미 씨가 온다고 했습니다. 그런데 →
2. 한국은 작은 나라입니다. 그런데 →
3. 숙제가 많습니다. 그런데 →
4. 여행을 가고 싶습니다. 그런데 →
5. 왕동 씨는 착합니다. 그런데 →

〈理解 exercise〉

一 听录音，选择正确答案。(잘 듣고 맞는 답을 고르세요.)

1. 전화를 받은 사람은 누구입니까? (   )
   ① 이수민   ② 장 선생님
   ③ 김민수   ④ 장 선생님 부인
2. 장 선생님은 언제 들어오십니까? (   )
   ① 오후 3시   ② 오후 5시
   ③ 저녁 7시   ④ 저녁 9시
3. 장 선생님께서는 지금 무엇을 하고 계십니까? (   )
   ① 운동   ② 식사
   ③ 전화   ④ 수업
4. 수민 씨의 전화번호는 몇 국의 6879번입니까? (   )
   ① 3235   ② 3245
   ③ 3255   ④ 3265

二 阅读短文，回答问题。(잘 읽고 대답하세요.)

지수 씨는 이번 토요일에 수영하러 가고 싶었어요. 그래서 친구 은애 씨 집에 전화를 걸었어요. 그렇지만 아무도 전화를 받지 않았어요. 지수 씨는 10분을 기다렸다가 다시 (㉠) 그런데 이번에는 통화 중이었어요. 5분쯤 지난 후 다시 전화를 걸었어요. 이번에는 은애 씨가 전화를 받았어요. 두 사람은 오후 2시쯤 학교 근처에서 만났어요. 그리고 수영을 하러 갔어요.

1. 지수 씨는 이번 토요일에 무엇을 했습니까?
2. 지수 씨는 왜 10분을 기다렸습니까?

3. ㉠에 알맞은 답을 쓰세요. (　　　　　　　)

4. 지수 씨는 오늘 은애 씨에게 전화를 몇 번 걸었습니까?

5. 두 사람은 수영을 하기 전 어디에서 만났습니까?

三 听写。(잘 듣고 쓰세요.)

1. _____
2. _____
3. _____
4. _____
5. _____
6. _____

四 选择正确答案。(맞는 것을 골라 쓰세요.)

(　　) 없는 말이 천리 간다. (无足之言行千里——世上没有不透风的墙。)

① 발　　　② 눈　　　③ 손　　　④ 귀

五 填写俗语。(맞는 속담을 쓰세요.)

ㄱ : 수미 씨, 다음 달에 미국에 유학 간다면서요?

ㄴ : 어떻게 알았어요? (　　　　　　　　　)는 말이 참말이군요.

〈补充单词 보충단어〉

지폐　　　(名)　　纸币

第26课 服装 복장

【学习重点】
1. 学会说有关服装的样式颜色及尺寸等的韩国语表达。
2. 定语的现在时
3. 어떤
4. -보다
5. -고 있다

〈发音 point〉

一 发音方法。(발음 방법.)

音变现象

① 同化音变：收音"ㅈ"后接"ㄴ""ㅁ"时，收音"ㅈ"要发成"ㄴ"。

例如：찾는데요 [찬는데요]　　　낱말 [난말]

② 紧音音变：收音"ㅎ"后接辅音"ㅅ"时，辅音"ㅅ"要发成紧音"ㅆ"。

例如：어떻습니까? [어떠씀니까]

二 跟读。(잘 듣고 따라 읽으세요.)

1. 손님, 무엇을 찾으십니까?
2. 좀 편안하고 귀여운 스타일을 찾는데요.
3. 이것보다 좀 더 밝은 색은 없나요?
4. 지금 입고 있는 블라우스와도 잘 어울리는데요.
5. 까만색 원피스가 참 예쁘고 멋있는데요.
6. 왕룡 씨는 아주 재미있고 좋은 사람이에요.

第26课　服装

〈词汇 check〉

一　将合适的单词互相连线。(맞는 답을 연결하세요.)

1. 넥타이　　•　　　•㉠ -에 들다
2. 블라우스　•　　　•㉡ 입다
3. 키　　　　•　　　•㉢ 끼다
4. 장갑　　　•　　　•㉣ 매다
5. 마음　　　•　　　•㉤ 귀엽다
6. 용모　　　•　　　•㉥ 딱 맞다
7. 사이즈　　•　　　•㉦ 들다
8. 치마　　　•　　　•㉧ 짧다
9. 가방　　　•　　　•㉨ 크다
10. 양말　　 •　　　•㉩ 벗다

〈语法 check〉

一　参照例子完成句子。(〈보기〉와 같이 완성하세요.)

定语词尾：在韩国语中，动词和形容词用在名词前、修饰后面的名词时，根据时态和词性，词干后接不同的定语词尾。

注意：现在时制的情况有两种：(ㄱ) 动词和 "-있다/없다" 后接 "-는"。
　　　　　　　　　　　　　　(ㄴ) 形容词词干后接 "-(으)ㄴ"。

〈例 (보기) 〉 저기 (가다) 사람이 우리 선생님입니다.
　　　　　　→ 저기 (가다) 가는 사람이 우리 선생님입니다.

1. 시장에는 (많다)＿＿＿＿＿＿＿＿＿＿ 과일과 생선들이 있습니다.
2. 여름은 (덥다)＿＿＿＿＿＿＿＿＿＿ 계절입니다. 그래서 사람들은 (시원하다)＿＿＿＿＿＿＿＿＿＿ 바닷가에서 수영을 합니다.
3. 저 (노랗다)＿＿＿＿＿＿＿＿＿＿ 치마와 (희다)＿＿＿＿＿＿＿＿＿＿ 블라우스를 사고 싶습니다.

4. (두껍다) _____ 책을 읽기 싫습니다.

5. 오늘은 (재미있다) _____ 영화를 봅시다.

6. 저는 (눈이 오다) _____ 겨울이 참 좋습니다.

二 参照例子完成对话。(〈보기〉와 같이 대화를 완성하세요.)

> 冠词"어떤"用于名词前，限定该名词所表示事物的属性。
> 〈例(보기)〉 ㄱ : 어떤 음식을 좋아해요?
> ㄴ : 나는 매운 음식을 좋아해요.

1. ㄱ : 어떤 사람과 결혼하고 싶습니까?
   ㄴ : _____

2. ㄱ : 어떤 곳으로 이사했습니까?
   ㄴ : _____

3. ㄱ : 이번 생일에 어떤 선물을 받고 싶어요?
   ㄴ : _____

4. ㄱ : 어떤 드라마를 좋아하세요?
   ㄴ : _____

5. ㄱ : 요즘 어떤 책을 보고 있습니까?
   ㄴ : _____

三 参照例子完成句子。(〈보기〉와 같이 완성하세요.)

> 添意助词"-보다"接名词后，表示比较的对象。
> 〈例(보기)〉 북경 – 서울 : 북경은 서울보다 많이 춥습니다.

1. 오빠 – 나 :
2. 여름 – 겨울 :
3. 백화점 – 시장 :
4. 개 – 사자 :
5. 치마 – 바지 :

四 参照例子完成对话。(〈보기〉와 같이 대화를 완성하세요.)

"-고 있다"用于动词词干后，表示动作、行为正在进行。但"-고 있다"同 "입다, 쓰다, 신다, 들다, 매다, 끼다"等表示穿戴的动词连用时，表示动作进行时的状态或动作结束后所保持的状态。
〈例 (보기) 〉 ㄱ : 은영 씨는 지금 뭘 하고 있습니까?
　　　　　　 ㄴ : 책을 읽고 있어요.

1. ㄱ : 지금 뭐 하고 있어요?
   ㄴ : _____

2. ㄱ : 엄마는 지금 뭐 하고 있어요?
   ㄴ : _____

3. ㄱ : 왕동 씨는 요즘 뭐하고 있습니까?
   ㄴ : _____

4. ㄱ : 미미 씨, 아까 뭐하고 있었어요?
   ㄴ : _____

5. ㄱ : 지금 보고 있는 드라마가 뭐니?
   ㄴ : _____

〈理解 exercise〉

一 听录音，选择正确答案。(잘 듣고 맞는 답을 고르세요.)

1. 지영 씨는 무엇을 샀습니까? (　　)
   ① 치마　　② 바지　　③ 블라우스　　④ 원피스

2. 지영 씨는 무슨 색 옷을 샀습니까? (　　)
   ① 하얀색　　② 분홍색　　③ 검정색　　④ 빨간색

3. 지영 씨는 몇 사이즈의 옷을 샀습니까? (　　)
   ① 44　　② 55　　③ 66　　④ 77

4. 지영 씨는 지금 무슨 색 치마를 입고 있습니까? (　　)
   ① 분홍색　　② 하얀색　　③ 빨간색　　④ 검정색

二　阅读短文，回答问题。(잘 읽고 대답하세요.)

> 　　오늘은 아버지 생신입니다. 우리 가족이 모두 함께 식당에 모였습니다. 부모님께서는 한복을 입고 계십니다. 두 분은 한복이 정말 잘 어울립니다. 날씬한 큰 언니는 분홍색 원피스를 입고 스카프를 (㉠) 있습니다. 참 멋있습니다. 키가 큰 남동생은 감색 양복을 입고 빨간색 넥타이를 (㉠) 있습니다. 그리고 검정색 구두를 신었습니다. 나는 올해 유행하는 짧은 치마를 입고 부츠를 신었습니다.

1. 부모님께서는 무슨 옷을 입고 계십니까?
2. 언니는 어떤 옷을 입었습니까?
3. ㉠에 알맞은 답을 쓰세요. (　　　　　　　　　　)
4. 남동생은 어떤 옷을 입었습니까?
5. 나는 오늘 어떤 옷을 입었습니까?

三　听写。(잘 듣고 쓰세요.)

1. _____
2. _____
3. _____
4. _____
5. _____
6. _____

四　选择正确答案。(맞는 것을 골라 쓰세요.)

> 낮말은 (　　　　)가 듣고 밤말은 (　　　　)가 듣는다.
> （白天讲话有鸟听到，晚上讲话有鼠听到——隔墙有耳。）

① 개, 소　　　② 소, 말　　　③ 새, 쥐　　　④ 닭, 소

五　填写俗语。(맞는 속담을 쓰세요.)

ㄱ: 이렇게 많은 돈을 집에 두어도 괜찮을까요?
ㄴ: 말 조심해. (　　　　　　　　　　)는 말 있잖아. 누가 들으면
　　안 돼.

<补充单词 보충단어>

드라마	(名)	电视剧
고르다	(动)	挑选
디자인	(名)	款式，设计

第27课 兴趣 취미

【学习重点】
1. 熟悉有关兴趣爱好的韩国语会话。
2. -는 것
3. -(으)면
4. -아/어 보다
5. -(이)나
6. "ㄷ" 不规则音变

〈发音 point〉

一、发音方法。(발음 방법.)

音变现象

① 同化音变：收音 "ㄱ" 后接辅音 "ㄴ" 时，收音 "ㄱ" 要发 "ㅇ" 音。
例如：찍는 〔찡는〕

② 连音音变：收音 "ㄴㅎ" 后接元音时，"ㅎ" 不发音，"ㄴ" 与后面的元音合起来发音。例如：많이 〔마니〕

③ 紧音音变：收音 "ㄹ" 后接辅音 "ㄱ" 时，辅音 "ㄱ" 要发成紧音 "ㄲ"。
例如：시골 길 〔시골낄〕

④ 送气音变：收音 "ㄱ" 后接辅音 "ㅎ" 时，辅音 "ㅎ" 要发成 "ㅋ" 音。
例如：특히 〔트키〕

二、跟读。(잘 듣고 따라 읽으세요.)

1. 제 취미는 사진을 찍는 것입니다.
2. 나는 그림을 그리는 것을 좋아해요.
3. 오랜만에 밖에 나왔으니까 사진을 많이 찍고 싶어요.
4. 운동은 꾸준히 매일 하는 것이 좋아요.

5. 나무하고 꽃을 가꾸는 것을 좋아해요.
6. 이번 주말에 저와 함께 등산하는 것은 어때요?

<词汇 check>

一 选词填空。(맞는 것을 골라 쓰세요.)

| -나 | -면 | 취미 | 오르다 | 내리다 | 조금씩 | 글씨 | 어때요 |
| 오랜만 | 교외 | 교회 | 꾸준히 | 들다 | 놀다 | 만년필 | 붓 |

1. 정말 (   ) 이에요. 그동안 어디 계셨어요?
2. 많이 좋아졌습니다. 요즘 (   ) 운동을 하고 있습니다.
3. (   ) 로 (   ) 를 쓰는 것은 재미있습니다.
4. 우리 (   ) 로 드라이브 가는 것이 (   )?
5. (   ) 등산을 가면 건강이 좋아질 것입니다.
6. 저는 이 그림이 마음에 (   ).
7. 자전거 타기 (   ) 테니스 치기가 제 (   ) 입니다.
8. 산에 (   ) 것은 힘들지만 기분이 상쾌합니다.

<语法 check>

一 参照例子完成对话。(<보기>와 같이 대화를 완성하세요.)

"-는 것"将动词转换成名词形,以充当多种句子成分。
<例(보기)> 무엇을 좋아합니까? <u>수영하는 것을 좋아해요.</u>

1. 쇼핑하는 것을 즐깁니까?
   _____

2. 시장에 가면 꼭 사는 것은 무엇입니까?
   _____

3. 혼자 있을 때 텔레비전 보는 것을 좋아합니까?
_____

4. 무엇을 싫어합니까?
_____

5. 어디에 가서 밥 먹는 것이 좋겠습니까?
_____

二 参照例子完成句子。(〈보기〉와 같이 완성하세요.)

连接词尾 "-(으)면"，接在谓词词干和过去时制词缀后表示前提或条件。
〈例(보기)〉 창문을 열다 – 시원하다 : 창문을 열면 시원할 겁니다.

1. 바쁘다 – 만나다 :
2. 마음에 들다 – 사다 :
3. 기분이 좋다 – 노래를 부르다 :
4. 춥다 – 옷을 입다 :
5. 아프다 – 병원에 가다 :

三 参照例子完成句子。(〈보기〉와 같이 완성하세요.)

① "-아/어 보다" 接动词词干后，表示 "尝试" "经历过"。如果是命令式 "-어보세요/보십시오"，则包含委婉劝说之意。
② "-(이)나" 用于名词后，表示从两个事物中选择一个。
　(ㄱ) 开音节后接 "-나"。
　(ㄴ) 闭音节后接 "-이나"。
〈例(보기)〉
불고기/ 비빔밥/ 먹다 : 불고기나 비빔밥을 먹어 보고 싶습니다.

1. 서울/ 제주도/ 가다 :
2. 테니스/ 탁구/ 하다 :
3. 콜라/ 커피/ 마시다 :
4. 비행기/ 자가용/ 타다 :
5. 영화표/ 연극표/ 사다 :
6. 시계/ 반지/ 선물하다 :

四 参照例子填表。(<보기>와 같이 표를 완성하세요.)

"ㄷ"不规则音变：词根以"ㄷ"结尾的部分动词，后接元音时，"ㄷ"变成"ㄹ"。

<例(보기)> 묻다: 묻 + 었습니다 → 물었습니다.
묻 + 고 → 묻고
묻 + 어서 → 물어서

듣다			
걷다			
싣다			

<理解 exercise>

一 听录音，选择正确答案。(잘 듣고 맞는 답을 고르세요.)

1. 지영 씨의 취미는 무엇입니까? (　　)
   ① 그림　　② 수영　　③ 등산　　④ 테니스
2. 민수 씨는 무슨 취미가 있습니까? (　　)
   ① 사진　　② 그림　　③ 수영　　④ 등산
3. 민수 씨는 이번 주말에 뭘 할 것입니까? (　　)
   ① 노래　　② 등산　　③ 여행　　④ 운동
4. 지영 씨는 이번 주말 어디에 갈 것입니까? (　　)
   ① 교외　　② 산　　③ 바다　　④ 여행

二 阅读短文，回答问题。(잘 읽고 대답하세요.)

나는 여행하는 것을 좋아합니다. 시간이 있으면 언제나 여행을 갑니다. 나는 고속버스(㉠　　) 기차 타는 것을 (㉡　　) 좋아합니다. 지난 봄에는 가족과 함께 기차를 타고 경주에 갔습니다. 거기서 사진도 많이 찍었습니다. 경치가 아주 좋았습니다. 오랜만에 많이 걸었습니다. 이번 여름에는 친구와 제주도에 가 보고 싶습니다. 제주도는 바다가 아름다운 곳입니다. 나는 비행기를 타고 갈 것입니다.

1. 나의 취미는 무엇입니까?
2. ㉠과 ㉡에 맞는 답을 쓰세요.
3. 나는 경주에 언제 갔습니까?
4. 나는 무엇으로 경주에 갔습니까?
5. 나는 제주도에 가 봤습니까?

三 听写。(잘 듣고 쓰세요.)

1. _____
2. _____
3. _____
4. _____
5. _____
6. _____

四 选择正确答案（맞는 것을 골라 쓰세요.）

( )가에서 숭늉 찾는다. (到井里打米汤——急于求成。)

① 강　　　② 우물　　　③ 수도　　　④ 바다

五 填写俗语。(맞는 속담을 쓰세요.)

ㄱ: 나는 언제쯤 사장이 될 수 있을까요?
ㄴ: ( )더니 네가 그렇구나. 그런 소리 하지 말고 먼저 일할 곳이나 찾아봐.

第27课 兴趣

<补充单词 보충단어>

그동안	（副）	那段时间
좋아지다	（动）	好转
드라이브	（名）	（开车）兜风
탁구	（名）	乒乓球
영화표	（名）	电影票
연극표	（名）	演出票
반지	（名）	戒指

第28课 问路 길 묻기

【学习重点】

1. 学习问路的常用语。
2. -(으)로
3. -다가
4. (아마) - (으)ㄹ 것이다
5. -이/가 아니다
6. 그러니까

〈发音 point〉

一、 发音方法。(발음 방법.)

音变现象

①送气音变：收音 "ㄱ" 后接辅音 "ㅎ" 时，辅音 "ㅎ" 要发成 "ㅋ" 音。

例如：백화점 〔배콰점〕

막힐 겁니다 〔마킬 껌니다〕

二、 跟读。(잘 듣고 따라 읽으세요.)

1. 롯데백화점은 여기서 어떻게 가야 합니까?
2. 실례합니다. 저기가 롯데백화점 맞습니까?
3. 지금은 퇴근 시간이라서 길이 많이 막힐 겁니다.
4. 롯데백화점은 바로 지하철역 앞에 있습니다.
5. 여기서 곧장 직진하세요.
6. 이 도로는 밀리지 않으니까 10분이면 도착할 것입니다.

第28课 问路

〈词汇 check〉

一 选词填空。(맞는 것을 골라 쓰세요.)

지하도	그러니까	횡단보도	건너다
오르다	아마	-을 것이다	사거리
퇴근 시간	매표소	끊다	잃다

1. 똑바로 가면 (　　　　) 가 나와요. 거기에 세워 주세요.
2. (　　　　) 내일쯤이면 일을 다 할 수 있 (　　　　).
3. 지하철을 타려면 (　　　　) 로 내려가야 합니다.
4. (　　　　) 에는 도로가 많이 막힙니다.
5. 배가 부릅니다. (　　　　) 우리 운동하러 갈래요?
6. 연극표를 사려면 (　　　　) 에 가야 합니다.
7. 담배를 (　　　　). 담배는 몸에 해롭습니다.
8. 길을 (　　　　) 때는 반드시 (　　　　) 를 이용하세요.

〈语法 check〉

一 参照例子完成对话。(〈보기〉와 같이 대화를 완성하세요.)

① 助词 "-(으)로"，与趋向动词一起使用，表示动作进行的方向及目的地。
② 连接词尾 "-다가"，接在谓词词干和过去时制词尾后面，表示进行中的动作或持续中的状态刚中止紧接着转入另一动作或状态。在本课中它置于 "가다" "오다" 等趋向动词后，表示动作从一个方位移动至另一个方位。

〈例(보기)〉ㄱ: 은행이 어디에 있어요? (오른쪽/가다)
　　　　　ㄴ: <u>오른쪽에 있어요. 오른쪽으로 가세요.</u>
　　　　　ㄱ: 여행을 어디로 갈 겁니까? (제주도)
　　　　　ㄴ: <u>제주도로 갈 겁니다.</u>

1. 주차장이 어디에 있습니까? (왼쪽/조금 가다)

_____

2. 여름 휴가는 어디로 갈 것입니까? (바다)
   _____

3. 집에서 학교까지 어떻게 가야 합니까? (지하철/ 갈아타다)
   _____

4. 시청이 어디에 있습니까? (똑바로/ 왼쪽으로 가다)
   _____

5. 어디에 가면 이 과장님을 만날 수 있습니까? (2층 사무실)
   _____

二 参照例子完成对话。(<보기>와 같이 대화를 완성하세요.)

> "(아마) -(으)ㄹ 것이다" 接动词或形容词词干后，表示对现在或将来不确定的事情进行推测。当表示推测过去的事情时，在动词或形容词词干后加 "-았/었/였을 것이다"。
>
> <例 (보기)> ㄱ: 지영 씨도 북경에 갈 겁니까?
>   ㄴ: 아마 지영 씨도 북경에 갈 겁니다.

1. ㄱ: 이 영화를 봅시다.
   ㄴ: 좋아요. 아마 영화가 _____

2. ㄱ: 왕동 씨는 왜 아직 안 오지요?
   ㄴ: 아마 _____

3. ㄱ: 재미있는 책이 없을까요?
   ㄴ: 이 책을 보세요. 아마 _____

4. ㄱ: 내일 소풍을 갈 수 있을까요?
   ㄴ: 아마 _____

5. ㄱ: 미미 씨는 전공이 무엇인가요?
   ㄴ: 글쎄요, 아마 _____

6. ㄱ: MP3를 사고 싶어요.
   ㄴ: 그럼 남대문 시장으로 가세요. 거기가 아마 좀 _____

三 参照例子完成句子。(〈보기〉와 같이 문장을 완성하세요.)

"–이/가 아니다" 接名词之后，表示对该名词的否定。
<例（보기）> 저 사람/ 진문수 씨 → 저 사람은 진문수 씨가 아닙니다.

1. 서울/나라 →
2. 취미/운동 →
3. 콜라/음식 →
4. 토마토/과일 →
5. 잃은 물건/시계 →

四 参照例子完成句子。(〈보기〉와 같이 문장을 완성하세요.)

连接副词 "그러니까"，置于两个句子之间，表示前一句是后一句的理由或依据。与 "그래서" 只是单纯地表示前后的因果关系不同，"그러니까" 是以前一句的事实为理由或依据说明后一句的事实，或使之合理化，后一句主要使用祈使句、共动句或表示说话人意志及推测的句子。
<例（보기）> 내일 시험이 있어요. 그러니까 → 좀 조용히 해 주세요.

1. 시간이 없어요. 그러니까 →
2. 지난번에 약속을 못 지켜서 미안했어요. 그러니까 →
3. 그 식당은 별로예요. 그러니까 →
4. 무척 뜨겁습니다. 그러니까 →
5. 술은 몸에 안 좋아요. 그러니까 →

〈理解 exercise〉

一 听录音，选择正确答案。(잘 듣고 맞는 답을 고르세요.)

1. 왕동 씨는 어디에 가려고 합니까? (   )
   ① 백화점   ② 커피숍   ③ 우체국   ④ 은행

2. 왕동 씨가 이 길로 똑바로 가면 무엇이 있습니까? (　　)
　① 횡단보도　　② 육교　　③ 로터리　　④ 사거리
3. 육교를 건너서 지하철역은 어디에 있습니까? (　　)
　① 왼쪽　　② 오른쪽　　③ 동쪽　　④ 서쪽
4. 지하도를 건너면 무엇이 있습니까? (　　)
　① 은행　　② 우체국　　③ 백화점　　④ 커피숍

二、阅读短文，回答问题。(잘 읽고 대답하세요.)

> 민지 씨는 이번 주말 커피숍에서 고등학교 때 친구를 만날 것입니다. 친구에게 전화로 위치를 말해주었습니다. 다음은 커피숍의 위치입니다. 명동 지하철역에서 내려서 2번 출구로 나오면 은행이 있습니다. 거기에서 오른쪽으로 가면 횡단보도가 있습니다. 횡단보도를 건너면 백화점이 있고 백화점 옆에 꽃집이 있습니다. 커피숍은 바로 그 꽃집 옆에 있습니다.

1. 커피숍에 가려면 어느 지하철역에서 내려야 합니까?
2. 은행은 어디에 있습니까?
3. 은행에서 커피숍에 가려면 어떻게 갑니까?

三、听写。(잘 듣고 쓰세요.)

1. _____
2. _____
3. _____
4. _____
5. _____
6. _____

四、选择正确答案。(맞는 답을 고르세요.)

막(　　)막(　　). (旗鼓相当；不相上下。)

① 강, 약　　② 좌, 우　　③ 전, 후　　④ 상, 하

五 填写俗语。(맞는 속담을 쓰세요.)

ㄱ: 리리 씨보다 왕동 씨가 한국어를 더 잘해요?
ㄴ: 아니에요. 두 사람 한국어 실력이(   )예요.

<补充单词 보충단어>

실력   （名）   实力，水平

第29课 近况 근황

【学习重点】
1. 자신의 근황을 상대에게 들려주고 대화를 진행할 수 있다.
2. -아/어서
3. -게
4. -(으)려고 하다
5. 못, -지 못하다
6. -에게서, -한테서

<发音 point>

一 发音方法。(발음 방법.)

音变现象

① 紧音音变：收音"ㅆ"后接辅音"ㅅ"时，辅音"ㅅ"要发成紧音"ㅆ"。

例如：지냈습니다 [지내씀니다]

② 紧音音变：收音"ㅎ"后接辅音"ㅅ"时，辅音"ㅅ"要发成紧音"ㅆ"。

例如：좋습니다 [조씀니다]

二 跟读。(잘 듣고 따라 읽으세요.)

1. 요즘 저는 좀 바쁘게 지냈습니다.
2. 친구에게서 편지를 못 받았습니다.
3. 아마 지금쯤 중국에 가서 재미있게 구경하고 있을 겁니다.
4. 왕동 씨, 여기는 웬일이세요?
5. 우리 몇 년 만에 만나는 거죠?
6. 며칠 있다가 다시 연락할게요.

第29课　近况

〈词汇 check〉

一　选词填空。(맞는 것을 골라 쓰세요.)

근황　준비하다　바쁘다　헤어지다　아쉽다　결혼　졸업
졸업 논문　요즘　오래간만이다　우연히　안부를 전하다

길을 가다가 (1.　　　　　) 친구를 만났습니다.
"(2.　　　　　)."
친구는 나를 보고 반갑게 인사를 했습니다.
"(3.　　　　　) 어떻게 지냈니?"
나는 친구에게 (4.　　　　　)을 물었습니다. 친구는 곧 (5.　　　　　)을
할 거라고 했습니다. "정말? 축하해."
"고마워. 결혼을 (6.　　　　　) 요즘 너무 (7.　　　　　).
넌 어때?"
친구는 내게 물었습니다. 나는 (8.　　　　　)을 쓰느라 힘들다고 대
답했습니다.
"미안해. 약속 시간이 다 되어서 가 봐야 해."
"그래. 참, 어머니께 (9.　　　　　) 줘."
"알겠어. 다음에 또 보자."
친구와 나는 아쉽지만 인사를 하고(10.　　　　　).

〈语法 check〉

一　参照例子完成句子。(〈보기〉와 같이 완성하세요.)

"-아/어/여서" 接动词词干后，表示前后两个行动紧密相连。"-아/어/여서" 前后的两个动作的主体必须一致，相当于汉语的连动结构。
〈例 (보기)〉 학교에 가다. 공부하다
　　　　→ 학교에 가서 공부할 겁니다.

1. 일이 아주 많아요. 야근을 해야 합니다.
   →

2. 다리를 다쳤습니다. 치료를 받았습니다.
   →

3. 반가운 친구를 만났습니다. 일요일에 같이 등산 가기로 약속했습니다.
   →

4. 옷을 너무 많이 샀습니다. 돈이 떨어졌습니다.
   →

5. 차가 막힐 시간입니다. 지하철을 타고 갔습니다.
   →

二 参照例子完成句子。(<보기>와 같이 완성하세요.)

> "-게" 用于形容词词干后，将形容词转变为副词形，在句子中起修饰语的作用。
> <例 (보기) > 아이가 (귀엽다) 생겼어요. → 아이가 귀엽게 생겼어요.

1. 저 남자는 (멋있다) 생겼습니다. →
2. 김밥을 아주 (맛있다) 먹었습니다. →
3. 저는 이 책을 매우 (흥미있다) 봤습니다. →
4. 왜 이렇게 (늦다) 집에 들어왔어요? →
5. 내가 여기 올 줄 (어떻다) 알았어요? →

三 参照例子连接相应的对话。(맞는 답을 연결하세요.)

> "-(으)려고 하다" 接动词词干后，表示主语的意图或计划。
> <例 (보기) > ㄱ: 오늘 저녁에 뭐 할 거예요?
>   ㄴ: 친구들하고 극장에 가려고 해요.

第29课　近况

1. 오늘 모임에 올 거예요?　　　　•　　• ㉠아르바이트를 좀 하려고 해요.
2. 왜 연락을 안 했어요?　　　　　•　　• ㉡바빠서 안 가려고 해요.
3. 언제 집에 갈 거예요?　　　　　•　　• ㉢이 일만 끝내고 가려고 해요.
4. 방학 때는 뭐할 겁니까?　　　　•　　• ㉣저는 동생과 같이 가려고 해요.
5. 내일 누구와 같이 갈 거예요?　•　　• ㉤연락을 하려고 했는데 그만 잊어버렸어요.

四 参照例子完成对话。(〈보기〉와 같이 대화를 완성하세요.)

"못, -지 못하다"表示不能够或没能够做某件事。"못"接在动词前，"-지 못하다"接动词词干后。
〈例(보기)〉ㄱ: 오늘 거기 갈 겁니까?
　　　　　　ㄴ: 아니요, 갑자기 일이 생겨서 못 가요. / 가지 못해요.

1. ㄱ: 한국 요리를 잘 해요?
　 ㄴ: 아니요, _____
2. ㄱ: 영어를 할 줄 알아요?
　 ㄴ: 네, 그렇지만 _____
3. ㄱ: 오늘 미미 씨를 봤어요?
　 ㄴ: 아니요, _____
4. ㄱ: 우리 같이 식사할까요?
　 ㄴ: 죄송해요. _____
5. ㄱ: 빨래 다 했어요?
　 ㄴ: 아니요, _____

五 参照例子完成句子。(〈보기〉와 같이 완성하세요.)

格助词"-에게서, -한테서"接名词及人称代词之后，表示行动的出发点或发生的地点，"-한테서"常用于口语中。
〈例(보기)〉친구, 선물 → 친구에게서 선물 받았어요.

1. 한국말, 선생님 →
2. 엄마, 김치 →

3. 이야기, 듣다 →

4. 친구, 전화오다 →

5. 동생, 연락받다 →

●〈理解 exercise〉

一 听录音，选择正确答案。(잘 듣고 맞는 답을 고르세요.)

1. 리리 씨는 어디에 다녀왔습니까? (　　　)
   ① 제주도　　　② 천진　　　③ 북경　　　④ 경주

2. 리리 씨가 오랫동안 어디에 가지 않았습니까? (　　　)
   ① 서점　　　② 도서관　　　③ 은행　　　④ 커피숍

3. 진수 씨와 리리 씨는 이야기를 하러 어디에 갑니까? (　　　)
   ① 백화점　　　② 공원　　　③ 커피숍　　　④ 학교

二 阅读短文，回答问题。(잘 읽고 대답하세요.)

> 리리에게,
>
> 안녕! 건강하게 잘 지내고 있니?
>
> 너의 할아버지, 할머니, 부모님께서도 다 안녕하시지? 무척 보고 싶어.
>
> 나도 잘 지내고 있어. 벌써 6개월 만이지? 너무 늦게 연락해서 미안해. 나는 매일 학교에 가서 열심히 한국어를 배우고 있어. 수업이 끝나고 오후에는 도서관에서 공부도 하고, 또 많은 한국 친구들과 이야기도 나누고 있어. 지금은 한국말이 많이 늘었어.
>
> 처음에는 김치가 너무 매워서 잘 못 먹었어. 그런데 지금은 김치도 잘 먹고 김치찌개도 무척 좋아해. 한국 사람들은 참 친절해. 한국 친구들에게서 도움을 많이 받고 있어. 요즘 주말에는 교외로 나가 사진을 찍고 있어. 물론 한국 친구들하고 같이 가지. 이곳의 경치가 참 아름다워. 사진 많이 찍어서 보내 줄게.
>
> 그럼 건강하게 잘 지내. 안녕.
>
> 2019년 3월 2일
> 너의 친구 송천

1. 누가 누구에게 쓰는 편지입니까?

2. 얼마 만에 리리에게 연락을 했습니까?

3. 송단단 씨는 김치를 좋아합니까?

4. 요즘 송단단 씨의 취미는 무엇입니까?

三 听写。(잘 듣고 쓰세요.)

1. _____
2. _____
3. _____
4. _____
5. _____
6. _____

四 选择正确答案。(맞는 답을 고르세요.)

( )는 말이 고와야 ( )는 말이 곱다.
(你敬我一尺，我敬你一丈。)

① 가, 들   ② 가, 오   ③ 하, 들   ④ 오, 들

五 填写俗语。(맞는 속담을 쓰세요.)

ㄱ: 야, 뭐 해? 빨리 와서 이거 하지 않고.
ㄴ: 뭐라고? 그렇게 말하면 안 해. ( )는 말도 몰라? 너나 해.

〈补充单词 보충단어〉

야근	(名)	加班
떨어지다	(动)	短缺
그만	(副)	(不知不觉中)就……

第30课 邮局 우체국

【学习重点】
1. 了解韩国邮局的情况并熟悉邮寄东西时使用的常用语。
2. 动词的冠词形
3. -(으)려면
4. -는 데(에) <금액(/시간)> 들다
5. -짜리
6. "ㄹ"不规则音变

<发音 point>

一、发音方法。(발음 방법.)

音变现象

① 腭化音变：收音 "ㅌ" 后接元音 "이" 时， "ㅌ" 与 "이" 合起来发 "치" 音。

例如：붙이다 〔부치다〕

② 紧音音变：收音 "ㄹ" 后接辅音 "ㅈ" 时，辅音 "ㅈ" 要发成紧音 "ㅉ"。

例如：일주일 〔일쭈일〕

二、跟读。(잘 듣고 따라 읽으세요.)

1. 편지 봉투에 우표를 붙이십시오.
2. 더 빨리 보내려면 빠른 우편을 이용하십시오.
3. 이 소포를 중국에 부치고 싶은데요.
4. 항공편으로 보내실 겁니까? 선편으로 보내실 겁니까?
5. 30킬로그램에 약 10만 원 정도입니다.
6. 여기 영수증하고 거스름돈 5천 원입니다.

第30课 邮局

〈词汇 check〉

一 选词填空。(맞는 것을 골라 쓰세요.)

| 더 | 짜리 | 부치다 | 별로 | 재다 | 째다 | 사다 | 빠르다 |
| 느리다 | 킬로그램 | 선편 | 항공편 | 영수증 | 박스 |

1. 일반 우편보다 (　　　　　) 우편이 더 비쌉니다.
2. 일본에 30 (　　　　　) 정도 되는 소포를 (　　　　　)
   요금이 얼마쯤 될까요?
3. (　　　　　)을 이용하는 것이 더 경제적입니다.
4. 물건을 사고 나면 반드시 (　　　　　)을 받으세요.
5. 종이 (　　　　　)에 물건을 넣고 무게를 (　　　　　) 합니다.
6. 버스를 타고 집에 가는 것은 (　　　　　) 힘들지 않습니다.
7. 이 옷은 얼마 (　　　　　)입니까?

〈语法 check〉

一 参照例子完成对话。(〈보기〉와 같이 대화를 완성하세요.)

动词的冠词形即定语词尾：动词必须根据时制，在词干后加上下表中所示的定语词尾，才能修饰名词。

时制	定语词尾
现在时	-는
过去时	-(으)ㄴ
将来时	-(으)ㄹ

〈例（보기）〉ㄱ: 이 소포는 누가 보낸 겁니까?
　　　　　　ㄴ: <u>고향에 계시는 부모님께서 보내신 겁니다.</u>

1. ㄱ: 방금 노래를 한 사람은 누구입니까?
   ㄴ: _____

2. ㄱ: 이 근처에 병원이 있습니까?
   ㄴ: _____

3. ㄱ: 사과는 어디에서 난 것입니까?
   ㄴ: _____

4. ㄱ: 선물은 누가 보낸 겁니까?
   ㄴ: _____

5. ㄱ: 내일부터 휴가입니다.
   ㄴ: _____

二、参照例子完成句子。(<보기>와 같이 문장을 완성하세요.)

> "-(으)려면" 接动词词干之后，表示"如果想做某事"，是"-(으)려고 하면"的缩略形式，后面的句子要使用命令句和当为句。
> <例 (보기)> 싸고 좋은 옷을 사려면 <u>동대문 시장에 가십시오.</u>

1. 영화를 보려면 _____

2. 날씬해 지려면 _____

3. 성적을 올리려면 _____

4. 멋진 집을 사려면 _____

5. 그 사람의 마음에 들려면 _____

三、参照例句完成对话。(<보기>와 같이 대화를 완성하세요.)

> -는 데(에) (금액/시간) 들다: 这里的"데"是不完全名词，组成惯用型后接于动词词干后，表示"做某事花费多少（时间或金钱）"。
> <例 (보기)> ㄱ: 중국에 소포를 보내는 데 얼마나 들었습니까?
>   ㄴ: <u>5천 원 들었습니다.</u>

1. ㄱ: 한국에서는 영화를 한 편 보는 데 돈이 얼마나 듭니까?
   ㄴ: _____

2. ㄱ : 공항에서 여기까지 오는 데 택시비가 많이 들었습니까?
   ㄴ : _____

3. ㄱ : 미용실에서 머리를 깎는 데 얼마입니까?
   ㄴ : _____

4. ㄱ : 일주일 동안 한국을 여행하는 데 얼마나 들었습니까?
   ㄴ : _____

5. ㄱ : 보통 한국에서 결혼하는 데 얼마나 듭니까?
   ㄴ : _____

四 参照例子完成句子。(〈보기〉와 같이 문장을 완성하세요.)

> "-짜리"是接名词和表示数量的代词之后的词缀，表示货币、邮票等的面额或商品单价。一般在与同类的其他商品价格相比时使用。
> 〈例（보기）〉 500원/ 사과 → 500원짜리 사과를 살까요?

1. 점심/ 5천 원   →
2. 3억/집   →
3. 치마/ 4만 원   →
4. 수박/ 만 원   →
5. 핸드폰/ 20만 원 →

五 参照例子填表。(〈보기〉와 같이 표를 완성하세요.)

> "ㄹ"不规则音变：词干以"ㄹ"结尾的部分谓词，与"ㄴ, ㅂ, ㅅ"为首部辅音的词相接时，前词的收音"ㄹ"脱落。
> 〈例（보기）〉 살다: 살+ ㅂ니다→삽니다
>   살+ 십니다→사십니다
>   살+ 는 →사는 (사람)

	압니다	아십니다	아는
알다			
길다			
만들다			
벌다			
팔다			
졸다			

〈理解 exercise〉

一、听录音，对的画○，不对的画×。(잘 듣고 맞으면 ○, 다르면 ×표를 하세요.)

1. 지민 씨는 편지를 일본에 부치고 싶습니다. (   )
2. 지민 씨는 보통 우편으로 편지를 보냅니다. (   )
3. 1,000원짜리 우표 1장하고 100원짜리 우표 세 장을 붙입니다. (   )
4. 지민 씨는 소포를 일본에 EMS로 보냅니다. (   )
5. 편지와 소포까지 모두 12,300원입니다. (   )

二、阅读短文，回答问题。(잘 읽고 대답하세요.)

왕호 씨는 중국에 살고 계시는 부모님께 소포를 부치러 우체국에 갔습니다. 한국에서 회사를 다니고 있는 왕호 씨는 어머니의 생신에 선물을 드리고 싶었습니다. 왕호 씨는 선물을 사서 예쁘게 포장했습니다. 그리고 어머니의 생신을 축하하는 카드도 썼습니다. 오늘은 우체국이 아주 복잡하고 바빴습니다. 편지와 소포를 보내는 사람들이 아주 많았습니다. 왕호 씨는 항공우편으로 소포를 부쳤습니다. 소포를 부친 후 왕호 씨는 정말 기뻤습니다.

1. 왕호 씨는 우체국에서 무엇을 했습니까?
2. 왕호 씨의 직업은 무엇입니까?
3. 왕호 씨는 왜 소포를 부쳤습니까?
4. 오늘 우체국이 어땠습니까?

三、听写。(잘 듣고 쓰세요.)

1. _____

2. _____
3. _____
4. _____
5. _____
6. _____

四 活用下列词,写一篇短文。(다음 단어를 사용하여 우체국에서 있었던 일을 써 보세요.)

우체국	편지	소포	부치다	일본
중국	한국	보통우편	항공편	선편
EMS	우표	붙이다	포장하다	무게를 재다
킬로그램				

五 阅读。(읽어 보세요.)

미역국 먹기

왕동: 한국 사람은 생일날 무엇을 먹어요?

수미: 한국 사람은 생일날 아침 미역국을 먹어요.

왕동: 그렇군요. 미역국을 먹는 것은 무슨 특별한 뜻이 있나요?

수미: 미역은 요오드와 칼슘의 함유량이 매우 높아요. 요오드 성분은 붓기를 없애고 피를 맑게 하며 산후 지혈에 효과가 있어요. 그래서 한국에서는 예로부터 미역국은 산모의 필수 음식이라고 여겨 왔어요.

왕동: 한국 사람들은 친척이나 친구가 아이를 낳으면 미역 선물하기를 좋아하던데 알고 보니 이런 풍습의 유래가 오래전에 있었군요.[①]

---

① 参考译文:**喝海带汤**
王东:韩国人过生日吃什么呢?
秀美:韩国人过生日时早饭喝海带汤。
王东:是这样呀。喝海带汤有什么特别的含义吗?
秀美:海带中碘和钙的含量很高。碘能消肿、清洁血液,并有利于产后止血。在韩国,自古以来,海带汤被认为是产妇必不可少的饮食。
王东:难怪在韩国,亲戚、朋友生了孩子,人们喜欢送海带作为礼物,原来这种风俗由来已久啊。

<补充单词 보충단어>

경제적	(名)	省钱
반드시	(副)	一定
미역국	(名)	海带汤
장수면	(名)	长寿面
왕만두	(名)	包子
요오드	(名)	碘
칼슘	(名)	钙
성분	(名)	成分
의미	(名)	意义，意思
함유량	(名)	含量
붓다	(动)	肿
산후	(名)	产后
지혈	(名)	止血
산모	(名)	产妇
풍습	(名)	风俗
유래	(名)	由来，来源

综合练习5 종합연습5

题号	一	二	三	四	五	满分
分值	20	20	20	20	20	100
得分						

一　听写。(잘 듣고 쓰세요.) (20分)

1. _____
2. _____
3. _____
4. _____
5. _____
6. _____
7. _____
8. _____
9. _____
10. _____

二　选词填空。(맞는 답을 골라 쓰세요.) (20分)

춥다	예쁘다	밉다	덥다	따뜻하다
두껍다	얇다	가볍다	깊다	얕다
깨다	자다	밝다	어둡다	노랗다
하얗다	빨갛다	귀엽다	크다	

(1. _____) 봄이 되었습니다. 길에는 알록달록 (2. _____) 꽃들이 활짝 피어났습니다.(3. _____) 진달래꽃, (4. _____)개

나리꽃, (5.   ) 목련이 다투듯 피어났습니다. 사람들도 (6.   ) 겨울 외투를 벗고 (7.   ) 옷차림으로 걸어 다닙니다. 겨울내 꽁꽁 얼었던 땅도 날이 따뜻해지니까 녹기 시작했습니다. (8.   ) 산 속에도 봄은 찾아 왔습니다. 그동안 겨울잠을 자던 곰과 개구리도 기지개를 켜고 깨어났습니다. 잠에서 (9.   ) 개구리 한 마리가 연못을 찾아 폴짝 뛰었습니다. 졸졸졸 물소리가 나는 곳을 향해 개구리는 폴짝폴짝 뛰어갑니다. 마치 봄처럼 (10.   ) 모습입니다.

三 改错。(틀린 곳을 고치세요.) (20分)

1. 실례했습니다. 과장님 지금 계십니까?
2. 이 옷을 사면 얼마나 듭니까?
3. 학교에서 집까지 버스를 타고 가러 합니다.
4. 이 길은 밀리지 않았으니까 집까지 가는데 10분쯤 걸릴 것입니다.
5. 그렇니까 아마 이번 시험을 통과할 수 있었습니다.
6. 저에게 새 옷을 샀어 주어서 정말 고맙습니다.
7. 수박이나 포도를 먹어 봤고 싶습니다.
8. 백화점에 가려는데 어떻게 가는데 좋을까요?
9. 그 노래를 들을 지 못했습니다.
10. 좀 편안한 귀연 스타일을 찾고 있어요.

四 阅读短文，回答问题。(잘 읽고 대답하세요.) (20分)

> 토마스 씨에게,
>   그동안 잘 (㉠) 토마스 씨가 보낸 편지는 어제 잘 (㉡) 아주 반가웠어요. 편지 보내줘서 고마워요.
>   요즘 저는 사진을 찍는 취미가 생겼어요. 주말에는 산에 가서 나무와 예쁜 꽃들을 찍고 있어요. 저는 다음 달에 미국에 가서 1년 동안 (㉢) 도착하면 전화할게요. 그럼 만날 때까지 건강하게 잘 있어요.
>
>   2016년 4월 6일
>   경주에서 지혜

1. ㉠에 알맞은 것을 고르세요. (   )
   ① 있을 거예요.   ② 있겠어요.
   ③ 있었어요?   ④ 있었네요.

2. ㉡에 알맞은 것을 고르세요. (　　　　)
   ① 받을 거예요.　　　　　② 받았어요.
   ③ 받았어요?　　　　　　④ 받겠지요?

3. ㉢에 알맞은 것을 고르세요. (　　　　)
   ① 공부할 거예요.　　　　② 공부했어요.
   ③ 공부했어요?　　　　　④ 공부하겠지요?

4. 맞는 것을 고르세요. (　　　　)
   ① 토마스 씨는 한국에 살고 있습니다.
   ② 지혜 씨는 다음주에 미국에 갑니다.
   ③ 토마스 씨는 어제 편지를 보냈습니다.
   ④ 지혜 씨는 1년 동안 미국에서 공부할 겁니다.

五　选词填空。(맞는 답을 골라 쓰세요) (20分)

> 강　　숭늉　　아침　　낮　　우물　　밤　　빛 좋은 개살구
> 막상막하　　발 없는 말이 천리 간다　　가는 말이 고와야 오는 말이 곱다

1. (　　　　)가에서 (　　　　　　　　) 찾는다.
2. (　　　　　　) 말은 새가 듣고 (　　　　　　) 말은 쥐가 듣는다.
3. 내가 결혼한다는 것을 미국에 있는 친구도 알고 있다고요?
   (　　　　　　　　　)는 말이 참말이네요.
4. 지영 씨와 민수 씨는 일본어 실력이 (　　　　　　　　　　)
   예요. 두 사람 다 일본에서 2년 넘게 살았어요.
5. (　　　　　　　　　　)고 처음부터 기분 나쁘게 말을 하면 친절하게 대답하는 사람이 아무도 없을 거예요.

〈补充单词 보충단어〉

알록달록　　　(副)　　　　花花绿绿
목련　　　　　(名)　　　　玉兰

-듯	(词尾)	表示"好像,好似"
옷차림	(名)	衣着,穿着
꽁꽁	(副)	坚硬
녹다	(动)	化,消融
개구리	(名)	蛙,田鸡
켜다	(动)	伸,打开
연못	(名)	水塘,池塘
졸졸	(副)	潺潺
처럼	(助)	表示比喻(像……一样)
활짝	(副)	盛开,满开
다투다	(动)	竞争,争夺
외투	(名)	大衣,外套
겨우내	(副)	一冬,整个冬天
얼다	(动)	冻,冻结
겨울잠	(名)	冬眠
기지개	(名)	伸懒腰
깨어나다	(动)	觉醒,清醒
폴짝	(副)	呼啦(跃起)
향하다	(动)	朝向,向着
포도	(名)	葡萄

练习册答案

第 1 课

〈发音 point〉

三. 1.③ 2.② 3.① 4.⑤ 5.④

五. 1.④ 2.③ 3.② 4.① 5.③ 6.⑤

〈理解 exercise〉

一. ①ㄱ ②ㄴ ③ㄱ ④ㅁ ⑤ㄷ

二. 1.③ 2.④ 3.③ 4.②

三. 1.어이 2.아이 3.아우 4.이 5.오이

四. 1.아이 2.이 3.오이

五. 1.ㄴ 2.ㄱ 3.ㄷ

六. 1.① 2.③

第 2 课

〈发音 point〉

三. 1.② 2.① 3.⑤ 4.④ 5.③ 6.④ 7.③ 8.⑤

五. 1.② 2.③ 3.① 4.① 5.②

〈理解 exercise〉

一. 모- 뿌- 머- 버- 푸- 뻐- 파

二. 1.바보 2.뽀뽀 3.아빠 4.파 5.피 6.무 7.모

三. 1.뽀뽀 2.아빠 3.파 4.무 5.모 6.피

四. 1.ㅇ,ㅃ 2.ㅂ 3.ㅃ,ㅃ 4.ㅁ 5.ㅂ,ㅂ 6.ㅁ

五. 1.안녕히 계세요. 2.또 만나요!

六. 1.② 2.④

第 3 课

〈发音 point〉

四. 1.② 2.③ 3.④ 4.① 5.⑤

〈理解 exercise〉

一. 1.① 2.④ 3.② 4.② 5.③

二. 1.도토리 2.다리 3.노루 4.토마토 5.나비 6.오리 7.따라가다 8.라디오 9.뽀뽀뽀 10.머리 크다

三. 1.다 2.리 3.라 4.리

四. 1.ㅂ,ㄷ 2.ㄷ 3.노루 4.ㄸ,ㄷ 5.ㄷ,ㅌ,ㄹ 6.ㄹ,ㄷ,ㅇ

五. 1.토마토 2.다리 3.머리 4.나무

六. ②

第 4 课

〈发音 point〉

三. 1.① 2.③ 3.② 4.④ 5.④

五. 1.⑤ 2.③ 3.② 4.④ 5.⑤ 6.③

<理解 exercise>

一. 1. 뛰다 2. 배 3. 뇌 4. 모래 5. 위 6. 매

二. 1. 위 2. 에 3. 으 4. 외

三. 1. 누르다 2. 모으다 3. 부르다 4. 뇌 5. 누에 6. 뒤 7. 되다 8. 뛰다

四. 1. 모래 2. 누에 3. 위 4. 애나무 5. 되다 6. 뛰다

五. 1. ①안녕하세요. ②반갑습니다. 2. ①앉으세요. ②감사합니다.

六. ③

第5课

<发音 point>

四. 1.② 2.③ 3.④ 4.④ 5.⑤ 6.①

<理解 exercise>

一. 1. 아저씨 2. 차비 3. 바지 4. 찌다 5. 수저 6. 고추 7. 소리 8. 지도
　9. 짜다 10. 마차

二. 1. 아자씨-아저씨 2. 지주도-제주도 3. 수자-수저 4. 치도-지도
　5. 싸자-사자

三. 1. ㅅ, ㅈ 2. ㅁ, ㅊ 3. ㄱ, ㅊ 4. ㅊ, ㅁ 5. ㅇ, ㅈ, ㅆ 6. ㅉ, ㄷ

四. 1. 마 2. 주 3. 치 4. 고

五. 1. 커피 드시겠어요? 2. 네, 고맙습니다.

六. ②

第6课

<发音 point>

四. 1.⑤ 2.③ 3.② 4.② 5.⑤ 6.③

<理解 exercise>

一. 1. 기차 2. 코끼리 3. 구두 4. 카메라 5. 까치 6. 토끼

二. 1. 가 2. 까 3. 호 4. 휴

三. 1. 구두 2. 코끼리 3. 카메라 4. 기차 5. 휴지 6. 가수

四. 1. 신문 주세요. 2. 어느 신문요? 3. 중국 신문요.

综合练习1

<发音 point>

二. 1.① 2.④ 3.② 4.② 5.⑤ 6.① 7.③ 8.① 9.④ 10.②

三. 1. 아우 보다 2. 오리 머리 3. 따라가다 4. 나비 누에 5. 나무 마차
　6. 애나무 7. 모래 모으다 8. 사자 쏘다 9. 배 크다 10. 커피 수저

四.

도				치	마	바	지
토	마	토			차		구
리							
		따	라	가	다		나	비
			디		리		라
				오	이		

五. 1. 안녕하세요? 2. 커피 주세요. 3. 감사합니다. 4. 저예요. 5. 또 만나요.

六. 1. 아, 어 2. 배 3. 따라 4. 뛰, 나 5. 고추

第7课

<发音 point>

四. 1. ② 2. ③ 3. ② 4. ④ 5. ⑤ 6. ③

<理解 exercise>

一. 1. ㅑ,ㅏ 2. ㅋ,ㅏ 3. ㅜ,ㅑ 4. ㅏ,ㅔ 5. ㅖ,ㅔ 6. ㅖ,ㅗ

二. 1. 야자 2. 여자 3. 야구 4. 소녀 5. 차표 6. 요리

三. 1. 구 2. 소 3. 야 4. 차

四. 1. 중국대사관이 멀어요? 2. 안 멀어요. 가까워요.

五. ③

第8课

<发音 point>

四. 1. ③ 2. ① 3. ② 4. ④ 5. ③ 6. ①

<理解 exercise>

一. 1. ㅐ,ㅣ 2. ㅣ,ㅘ 3. ㅔ,ㅗ 4. ㅚ,ㅓ 5. ㅓ,ㅜ,ㅏ 6. ㅢ,ㅏ

二. 1. 과자 2. 의자 3. 쾌차 4. 사과 5. 스웨터 6. 뒤두다

三. 1. 기와 2. 돼지 3. 과자 4. 궤 5. 뭐 6. 의사

四. 1. 과 2. 웨 3. 의 4. 차

五. 1. 어디 가세요? 2. 학교에 가요.

第9课

<发音 point>

四. 1. ② 2. ① 3. ③ 4. ⑤ 5. ④ 6. ②

<理解 exercise>

一. 1. ㄱ 2. ㄴ 3. ㄹ 4. ㄷ 5. ㅁ 6. ㅇ, ㅇ

二. 1. 문 2. 굳다 3. 밀 4. 마음 5. 남 6. 강

三. 1. 목 2. 문 3. 굳다 4. 밀 5. 마음 6. 입

四. 1. 학교가 멀어요? 2. 아니요, 가까워요.

五. ②

第10课

〈发音 point〉

四. 1.② 2.③ 3.① 4.④ 5.⑤

〈理解 exercise〉

一. 1. ㅈ 2. ㅌ 3. ㅎ 4. ㅎ 5. ㅌ

二. 1. 맛이 있다 2. 친구가 좋다 3. 낮에 간다 4. 꽃이 있다 5. 밖에 나가자
   6. 아이가 웃다

三. 1. 잇다, 있다, 잊다 2. 갓, 갔다, 갖다 3. 했다, 햇볕

四. 1. 맛 2. 꽃

五. ③

第11课

〈发音 point〉

四. 1.② 2.③ 3.① 4.④ 5.②

〈理解 exercise〉

一. 1. 앉다 2. 몫에 3. 읽다 4. 앉아 5. 훑다 6. 삯을 7. 없이 8. 갔다

二. 1. 값이 비싸요. 2. 책을 읽어요. 3. 삯이 얼마예요? 4. 여기에 앉아요.
   5. 빵이 없어요.

三. 1. 삯 2. 몫 3. 곬 4. 넋 5. 없다 6. 얹다 7. 훑다

四. 대학원생입니까? 아니요, 대학생입니다.

五. ④

第12课

〈发音 point〉

四. 1.① 2.⑤ 3.② 4.③ 5.②

〈理解 exercise〉

一. 1. 귀찮다 2. 젊다 3. 넓다 4. 옳다 5. 흙 6. 얇다

二. 1. 젊은이가 있습니다. 2. 책을 읽었습니다. 3. 다리가 굵어요.
   4. 흙이 많습니다. 5. 방이 넓습니다.

三. 1. 싫다 2. 흙 3. 닭 4. 굵다 5. 젊다

四. 1. 많습니다 2. 읽습니다 3. 닭 4. 달

综合练习2

一. 1. 우리 2. 중국 3. 카메라가 있다 4. 책이 좋다 5. 의자가 없다
   6. 여기에 있다 7. 사과가 맛있다 8. 국이 짜다 9. 넋을 잃다 10. 집이 넓다

二. 1.③ 카메라 2.① 걷다 3.④ 앉다 4.① 굵다 5.⑤ 쌓다

三. 1. ㄹ 2. ㄹ 3. ㅈ 4. ㅎ 5. ㄶ 6. ㅍ 7. ㄺ 8. ㅁ 9. ㄺ 10. ㅂ

四. 1. 계 2. 다 3. 사 4. 사 5. 웨 6. 학

五. 1. 탑 2. 제, 조상 3. 평계, 무덤 4. 겨자

六. 1. 가까워요. 2. 사람이 많았어요.

第13课

<词汇 check>

一. 1. 만나서 2. 입니다 3. 중국 사람 4. 씨 5. 는, 학생

<语法 check>

一. 1. 옵니다 →옵니까? 2. 만납니다→ 만납니까? 3. 합니다→합니까?
  4. 씁니다 → 씁니까? 5. 듣습니다 →듣습니까? 6. 읽습니다 →읽습니까?
  7. 좋습니다 → 좋습니까? 8. 재미있습니다 → 재미있습니까?
  9. 공부합니다 → 공부합니까? 10. 숙제합니다 → 숙제합니까?

二. 1. 는 2. 은 3. 은 4. 는 5. 는

三. 1. 나는 학생입니다. 2. 왕룽 씨는 대학생입니까?
  3. 아버지는 회사에 다니십니다. 4. 신문은 재미있습니다.
  5. 진문수 씨는 중국 사람이 아닙니다. 6. 전공은 경영학이 아닙니다.

<理解 exercise>

一. 1. ○ 2. × 3. × 4. ○

二. 1. 아닙니다. 대학생입니다. 2. 왕동의 전공은 한국어입니다.
  3. 아닙니다. 왕동의 한국어 선생님은 한국 사람입니다.
  4. 네, 왕동은 중국 사람입니다.

三. 1. 안녕하세요? 저는 송단입니다.
  2. 저는 중국 사람입니다. 3. 만나서 반갑습니다.
  4. 신문을 읽습니다. 5. 아닙니다. 회사에 다닙니다.
  6. 저는 경영학을 전공합니다.

四. ③

五. 생략

听力内容 듣기 대본

이진수: 안녕하세요? 저는 이진수입니다. 서울대학교 학생입니다.

리 리: 안녕하세요. 저는 리리입니다. 만나서 반갑습니다.

이진수: 만나서 반갑습니다. 리리 씨는 학생입니까?

리 리: 아닙니다. 저는 회사에 다닙니다. 진수 씨의 전공은 무엇입니까?

이진수: 전공은 경영학입니다. 리리 씨는 중국 사람입니까?

리 리: 네, 저는 중국 사람입니다.

第14课

<词汇 check>

一. 1. ㅅ 2. ㄹ 3. ㄴ 4. ㅁ 5. ㄷ 6. ㄱ 7. ㅂ

<语法 check>

一. 1. 을 2. 을 3. 를 4. 을 5. 를 6. 를

二. 1. 에 2. 에서, 를 3. 에서, 을 4. 에서, 를 5. 에서 6.에서

三. 1. 영화를 보십시오./영화를 보세요. 2. 음악을 들으십시오./음악을 들으세요.
  3. 월요일에 오십시오./월요일에 오세요. 4. 물을 주십시오./물을 주세요.
  5. 책을 읽으십시오./책을 읽으세요.

四. 1. 선생님은 학생을 좋아합니다.　2. 아버지가 지금 집에 갑니다.
　　3. 나는 과자를 먹습니다. 과자는 아주 맛있습니다.
　　4. 우리는 음악을 듣습니다.
　　5. 동생은 무엇을 합니까?
　　6. 월요일에 누구를 만납니까?
　　7. 학생은 숙제를 합니다.

<理解 exercise>
一. 1. ②　2. ③　3. ①
二. 1. 왕호 씨는 북경대학에서 한국말을 공부합니다.
　　2. 왕호 씨는 한국말 공부가 아주 재미있습니다.
　　3. 동동 씨는 도서관에서 책을 빌립니다.
　　4. 동동 씨는 요즘 경영학 책을 읽습니다.
　　5. 수미 씨는 우체국에서 편지를 부칩니다.
三. 1. 요즘 무엇을 합니까?
　　2. 어디에서 한국어를 공부합니까?
　　3. 서울대학교에서 한국어를 공부합니다.
　　4. 도서관에서 책을 빌립니다.
　　5. 친구를 만납니다.
　　6. 따라 하세요.
四. ②
五. 등잔 밑이 어둡다

听力内容　듣기 대본

민수: 지영 씨, 어디에 가요?
지영: 식당에 가요.
민수: 식당에서 무엇을 먹어요?
지영: 불고기를 먹어요.
민수: 그렇다면 저와 같이 가요. 저는 불고기를 아주 좋아해요.
지영: 좋아요. 같이 가요.

第15课

<词汇 check>
一. 1. 어제, 그렇지만　2. 그리고　3. 시간　4. 지하철　5. 청소, 좀　6. 와, 역
<语法 check>
一. 1. 읽었습니다.　2. 보았습니다.　3. 샀습니다.　4. 만났습니다.
　　5. 먹었습니까?　6. 선생님이었습니까?
二.

	안	-지 않다
1. 학교에 갔습니다.	학교에 안 갔습니다.	학교에 가지 않았습니다.
2. 친구와 공부를 했습니다.	친구와 공부를 안 했습니다.	친구와 공부를 하지 않았습니다.

	안	-지 않다
3. 어제 잠을 잤습니다.	어제 잠을 안 잤습니다.	어제 잠을 자지 않았습니다.
4. 옷을 샀습니다.	옷을 안 샀습니다.	옷을 사지 않았습니다.
5. 노래를 불렀습니다.	노래를 안 불렀습니다.	노래를 부르지 않았습니다.
6. 소설책을 읽었습니다.	소설책을 안 읽었습니다.	소설책을 읽지 않았습니다.
7. 아침에 밥을 먹었습니다.	아침에 밥을 안 먹었습니다.	아침에 밥을 먹지 않았습니다.
8. 아버지를 만났습니다.	아버지를 안 만났습니다.	아버지를 만나지 않았습니다.

三. 1. 저는 한국하고 중국을 좋아합니다. 저는 한국과 중국을 좋아합니다.
   2. 길에 자동차하고 택시가 많습니다. 길에 자동차와 택시가 많습니다.
   3. 저는 등산하고 배드민턴을 잘 합니다. 저는 등산과 배드민턴을 잘 합니다.
   4. 개하고 고양이를 키웁니다. 개와 고양이를 키웁니다.
   5. 매일 드라마하고 책을 봅니다. 매일 드라마와 책을 봅니다.

四. 1. 그리고→그렇지만 2. 과→와, 가았습니다→갔습니다 3. 그렇지만→그리고
   4. 봅습니다→보았습니다, 들었습니다→들었습니다
   5. 와→과, 안았습니까?→않았습니까?
   6. 만났니까?→만났습니까?
   7. 바쁘고→바쁘지
   8. 와→과, 살었습니다→살았습니다
   9. 와→과, 공부하었습니다→공부하였습니다
   10. 옵습니다→왔습니다

<理解 exercise>
一. 1. ③ 2. ② 3. ① 4. ②
二. 1. 서점에 갔어요. 2. 동생과 서점에 갔어요.
   3. 경영학 교재를 몇 권 사고, 사전을 샀어요.
   4. 청소했어요. 5. 안 했어요.
三. 1. 어제 무엇을 했습니까? 2. 친구와 극장에 갔습니다.
   3. 커피를 안 마셨습니다. 4. 어제 경복궁과 박물관에 갔습니까?
   5. 그렇지만 박물관은 못 갔습니다. 6. 운동을 했습니다.
四. 생략

听力内容 듣기 대본

단단: 영미 씨, 어제 무엇을 했어요?
영미: 친구와 커피숍에서 차를 마시고 한국 영화를 봤어요. 단단 씨는 무엇을 했어요?
단단: 저는 도서관에서 책을 읽었어요. 영미 씨, 어제 한국 영화가 재미있었어요?
영미: 네, 아주 재미있었어요.

第16课

<词汇 check>

一.

名	1. 물건 2. 우유 3. 아저씨 7. 돈 8. 직원 9. 언니 11. 교실 12. 버스 15. 전화번호
代	5. 거기 6. 저것 14. 이것
数	4. 열
动	10. 여행하다 13. 타다

<语법 check>

一. 1. 아니요, 버스가 있습니다. 2. 아니요, 잔돈이 없습니다.
   3. 아니요, 방에 동생이 없습니다.
   4. 예, 우유가 없습니다.
   5. 예, 수박이 있습니다.
二. 1. 월 2. 권 3. 명 4. 개 5. 살 6. 시, 분 7. 원 8. 장 9. 잔 10. 병
三. 1. 이천십육 년 유월 육일 2. 열한 시 삼십오 분 3. 삼백팔 호
   4. 스물 네 개 5. 십삼 호선 6. 팔 개월 7. 이천팔 년
   8. 이십오만 팔천 사백육십오 원 9. 스무 살 10. 삼천 원, 열 개
四. 1. 이것은 꽃입니다. 2. 저 가방은 삼만 원입니다. 3. 여기는 집입니다.
   4. 저기가 학교입니다. 5. 그 소설은 재미있습니다.
五. 1. 비빔밥과 김치를 먹겠습니다. 2. 소설책하고 만화책이 재미있었습니다.
   3. 서울과 설악산에 여행 갔습니다. 4. 한국 영화와 중국 영화를 보았습니다.
   5. 백화점에서 가방과 치마를 샀습니다.

<理解 exercise>

一. 1. ③ 2. ② 3. ① 4. ②
二. 1. 과일 가게에서 사과 6개와 배 3개를 샀습니다. 2. 만 원
   3. 우체국에서 250원짜리 우표 3장을 샀습니다. 그리고 친구와 비빔밥을 먹었습니다.
   4. 750원 5. ① 개 ② 짜리 ③ 장
三. 1. 빵 세 개하고 우유 다섯 병을 주십시오.
   2. 저 구두는 얼마입니까?
   3. 서점에서 책 여섯 권을 샀습니다.
   4. 이 바지는 35,600원입니다.
   5. 우표는 한 장에 250원입니다.
   6. 여기 잔돈 500원과 영화표 두 장 있습니다.
四. ②

听力内容 듣기 대본

주 인: 어서 오세요.
리 리: 안녕하세요? 이 가방은 얼마예요?
주 인: 이 가방은 68,000원이고, 저건 86,000원이에요.
리 리: 이 지갑은 얼마예요?

주 인: 26,500원이에요.
리 리: 68,000원짜리 가방 1개와 26,500원짜리 지갑 1개를 주세요.
주 인: 네, 94,500원이에요.
리 리: 여기 돈 100,000원짜리 있어요.
주 인: 네, 여기 잔돈 5,500원입니다.

第17课

<词汇 check>
一. 1. 세수하다 2. 도착하다 3. 함께, 식사하다
   4. 끝나다 5. 미장원 6. 얼른 7. 언제

<语法 check>
一. 1. 여섯 시 삼십사 분 2. 두 시 오십오 분 3. 네 시 팔 분
   4. 다섯 시 삼십 분 5. 일곱 시 십오 분 6. 열 시 이십 분
二. 1. 여섯 시 십오 분에 일어납니다. 2. 일곱 시에 아침을 먹습니다.
   3. 아침 일곱 시 이십오 분에 학교에 갑니다.
   4. 열두 시 반에 점심 식사를 합니다.
   5. 오후 여섯 시 이십 분에 집에 돌아옵니다.
   6. 저녁 여섯 시 오십 분에 저녁 식사를 합니다.
三. 1. 오전 7시부터 7시 반까지 아침 운동을 합니다.
   2. 오전 7시 반부터 8시까지 아침 식사를 합니다.
   3. 오전 9시부터 오후 12시까지 회사일을 합니다.
   4. 오후 12시부터 1시까지 점심 식사를 합니다.
   5. 오후 8시부터 9시 반까지 독서를 합니다.
四. 1. 선생님이 학생들에게(한테) 한국어를 가르칩니다.
   2. 그는 개에게(한테) 우유를 주었습니다.
   3. 어제 나는 동생에게(한테) 메일을 보냈습니다.
   4. 이 사과는 누구에게(한테) 줄 겁니까?
五. 1. 먹을 것이다 2. 놀 것이다 3. 잘 것이다 4. 살 것이다 5. 공부할 것이다
   6. 소개할 것이다 7. 줄 것이다 8. 할 것이다

<理解 exercise>
一. 1. ③ 2. ① 3. ① 4. ④ 5. ③
二. 1. 아침 6시 20분에 일어나요. 2. 8시 40분까지 학교에 도착해요.
   3. 부터, 까지 4. 도서관에 가요. 내일 한국어 시험이 있어요.
   5. 저녁 11시에 잠을 자요.
三. 1. 아침에 일어나서 세수를 하고 7시 30분에 밥을 먹습니다.
   2. 밥을 먹고 무엇을 합니까?
   3. 몇 시부터 몇 시까지 한국어를 공부합니까?
   4. 시험이 언제입니까?
   5. 오늘 저녁에 시간이 있습니까?
   6. 식당에서 함께 불고기를 먹을까요?
四. ③
五. 될성부른 나무는 떡잎부터 알아본다

听力内容 듣기 대본

민수 씨는 오늘 아침 늦잠을 잤어요. 시계를 봤어요. 8시 40분이었어요. 보통 학교 수업은 8시에 시작해요. 깜짝 놀라 얼른 옷을 갈아입었어요. 학교까지 열심히 뛰었어요. 학교에 도착했어요. 벌써 9시 10분이었어요. 민수 씨는 5층 교실까지 또 뛰었어요. 교실 문을 열었어요. 교실에는 아무도 없었어요. 달력을 보았어요. 토요일이었어요.

第18课

<词汇 check>

一.

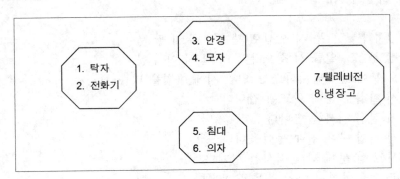

<语法 check>

一.

기본형	-았/었어요-	아/어요	-(으)ㄹ 거예요
보다	보았어요/봤어요	보아요/봐요	볼 거예요
사다	샀어요	사요	살 거예요
하다	했어요	해요	할 거예요
놀다	놀았어요	놀아요	놀 거예요
먹다	먹었어요	먹어요	먹을 거예요
만나다	만났어요	만나요	만날 거예요
말하다	말했어요	말해요	말할 거예요
가다	갔어요	가요	갈 거예요
자다	잤어요	자요	잘 거예요
그리다	그렸어요	그려요	그릴 거예요

二. 1. 의자 옆에 있습니다/없습니다.
   2. 집에 개가 있습니다/없습니다.
   3. 냉장고에 아이스크림이 있습니다/없습니다.
   4. 가방 안에 지갑과 책이 있습니다.
   5. 지금 집에 동생이 있습니다/아무도 없습니다.

三. 1. 의 2. 도 3. 도 4. 만 5. 만

<理解 exercise>

一. 1. ② 2. ③ 3. ④ 4. ③
二. 1. 침대, 책장, 책상이 있습니다.
   2. 책장 오른쪽에 있습니다.
   3. 컴퓨터와 휴대폰이 있어요.
   4. 침대 밑에 있어요.
三. 1. 식당은 몇 층에 있어요?
   2. 도서관은 학생회관 건물 옆에 있어요.
   3. 학생회관 건물에는 서점하고 문방구만 있어요.
   4. 공중전화는 은행 왼쪽에 있어요.
   5. 여기에서 곧장 가세요.
   6. 그다음 다시 오른쪽으로 가세요.
四. ①
五. 빛 좋은 개살구

听力内容 듣기 대본

민 이: 실례합니다. 가방이 몇 층에 있어요?
안내원: 3층에 있어요.
민 이: 거기에 구두도 있어요?
안내원: 아니요, 구두는 2층에서 팝니다.
민 이: 커피숍과 식당은 어디에 있어요?
안내원: 커피숍은 6층에 있어요. 식당은 커피숍 오른쪽에 있어요.
민 이: 은행은 어디에 있어요?
안내원: 이 백화점 1층에 있어요.
민 이: 감사합니다.

综合练习 3

一. 1. 안녕하세요? 저는 중국 사람입니다. 2. 집에 가서 쉴 것입니다.
   3. 백화점에 갔습니다. 그렇지만 시장은 못 갔습니다.
   4. 꽃 한 송이와 선물 하나를 샀습니다.
   5. 학교 앞에서 버스를 타고 종각역에서 내릴 것입니다.
   6. 오늘은 시간 괜찮습니다. 같이 점심 먹읍시다.
   7. 실례합니다. 서점이 몇 층에 있어요?
   8. 우체국 앞에서 곧장 간 다음 다시 오른쪽으로 가세요.
   9. 가방 안에 책이 몇 권 있습니까?
   10. 오후에 집에 아무도 없을 것입니다.
二. 1. 에게 2. 에 3. 부터, 까지 4. 에게, 를 5. 과/하고, 는
   6. 를, 도 7. 의 8. 은 9. 부터 10. 에, 에서
三. 1. 결혼할 겁니다. -결혼했습니다.
   2. 밤에서, 친구과 – 밤에, 친구와 3. 에서 –까지

4. 안 만났지 않았습니다. - 안 만났습니다/ 만나지 않았습니다.
5. 은, 등산했습니다. - 는, 등산할 것입니다.
6. 을, 먹을 것입니다. - 를, 먹었습니다.
7. 이었습니다. - 에 갈 것입니다.
8. 크었지 - 컸지
9. 개, 마리- 마리, 명
10. 넷, 둘- 네, 두

四. 1. ③ 2. ② 3. ② 4. ④ 5. 수영
五. 1. ㄷ 2. ㅁ 3. ㄱ 4. ㄴ 5. ㄹ

第19课

<词汇 check>

一. 1. 공항 2. 음료수 3. 종업원 4. 데이트 5. 청바지 6. 그냥 7. 복잡하다
   8. 분위기

<语法 check>

一.

	-고 싶다	-(으)ㄹ래요	-겠어요
사다	사고 싶다	살래요	사겠어요
자다	자고 싶다	잘래요	자겠어요
공부하다	공부하고 싶다	공부할래요	공부하겠어요
놀다	놀고 싶다	놀래요	놀겠어요
걷다	걷고 싶다	걸을래요	걷겠어요
주문하다	주문하고 싶다	주문할래요	주문하겠어요
가다	가고 싶다	갈래요	가겠어요
어울리다	어울리고 싶다	어울릴래요	어울리겠어요
타다	타고 싶다	탈래요	타겠어요
보다	보고 싶다	볼래요	보겠어요
살다	살고 싶다	살래요	살겠어요
마시다	마시고 싶다	마실래요	마시겠어요
만나다	만나고 싶다	만날래요	만나겠어요
읽다	읽고 싶다	읽을래요	읽겠어요

二. 1. 오늘 불고기를 먹을 거예요. 2. 저는 주로 소설책을 읽습니다.
   3. 저는 지금 한국어 공부를 합니다. 4. 오늘은 일요일입니다.
   5. 지금 고전 음악을 듣고 있어요.

三. 1. 그러면 돈을 많이 버세요. 2. 그러면 다음주에 만납시다.
   3. 그러면 빨리 약을 먹으세요. 4. 그러면 운동해서 살을 빼세요.
   5. 그러면 열심히 공부하세요.

<理解 exercise>

一. 1. ③ 2. ② 3. ①
二. 1. 매일 학생식당에 갑니다. 2. 다른 음식을 먹고 싶어서예요.
　　3. 비빔밥이에요. 4. 학생식당 음식이 싸고 맛있어요.
三. 1. 뭘 드시겠어요?
　　2. 햄버거 두 개하고 샐러드 하나 주세요.
　　3. 회냉면을 먹고 싶지 않아요. 불고기가 먹고 싶어요.
　　4. 그러면 나도 설렁탕을 먹겠어요.
　　5. 뭘 마실래요?
　　6. 커피 3잔하고 콜라 2병 주세요.
四. ②
五. 금강산도 식후경

听力内容 듣기 대본

종업원: 어서 오세요. 뭘 드시겠어요?
지　수: 이 식당 분위기가 아주 좋아요. 무슨 음식이 맛이 있어요?
종업원: 우리 식당은 특히 불고기가 맛이 있어요.
철　민: 지수 씨, 그러면 우리 불고기 먹을래요?
지　수: 아니요, 나는 불고기가 먹고 싶지 않아요. 비빔밥이 먹고 싶어요.
철　민: 그래요? 그러면 나도 비빔밥을 먹겠어요. 여기 비빔밥 2인분 주세요. 그리고 콜라도
　　　　한 병 주세요.
지　수: 이 집 음식이 아주 맛있어요.
철　민: 모두 얼마예요?
종업원: 모두 10,500원입니다.
철　민: 여기 있습니다.
종업원: 감사합니다.

第20课

<词汇 check>

一. 1. 개나리꽃, 진달래꽃, 벚꽃 2. 바다, 수박, 뜨겁다
　　3. 단풍, 내장산 4. 눈이 오다, 춥다, 눈사람

<语法 check>

一. 1. 는 2. 은, 이 3. 은 4. 가 5. 가 6. 은 7. 는, 이
二. 1. 이것이 제 가방입니다. 2. 커피를 주세요. 3. 저는 중국 사람입니다.
　　4. 롯데 백화점에서 만나요. 5. 저는 모든 계절을 다 좋아합니다.
三. 1. 공원에 산책하러 가요. 2. 도서관에 책 읽으러 가요.
　　3. 백화점에 쇼핑하러 가요.
　　4. 은행에 저금하러 가요.
　　5. 미용실에 머리 자르러 가요.

四.

덥다	더워요	차갑다	차가워요
어렵다	어려워요	아름답다	아름다워요
쉽다	쉬워요	무겁다	무거워요
뜨겁다	뜨거워요	가볍다	가벼워요

<理解 exercise>

一. 1. ① 2. ③ 3. ④

二. 1. 하와이에는 눈이 오지 않습니다. 언제나 여름 날씨입니다.
 2. 봄에는 개나리꽃과 진달래꽃, 벚꽃이 많이 핍니다.
 3. 한국의 여름은 아주 덥습니다. 그리고 비도 많이 옵니다.
 4. 가을에 단풍이 아름답습니다.
 5. 겨울에는 눈이 옵니다. 아주 춥습니다.

三. 1. 어느 계절을 좋아해요? 2. 한국의 봄은 아름답습니다.
 3. 사람들은 벚꽃 놀이를 갑니다. 4. 개나리꽃과 진달래꽃이 많이 핍니다.
 5. 여름은 아주 덥습니다. 6. 겨울은 아주 춥습니다.

四. ②

五. 그림의 떡

听力内容 듣기 대본

리리: 지영 씨는 어느 계절을 좋아해요?

지영: 나는 봄이 좋아요.

리리: 그래요? 나도 봄을 좋아해요. 한국의 봄 날씨는 어때요?

지영: 한국의 봄은 날씨가 따뜻해요. 꽃이 많이 핍니다. 아주 아름답습니다. 북경의 날씨는 어때요?

리리: 북경에는 사계절이 있어요. 봄에는 꽃놀이, 여름에는 수영, 가을에는 단풍놀이, 그리고 겨울에는 스키와 스케이트를 타요.

지영: 어머, 북경도 날씨가 서울과 비슷해요.

第21课

<词汇 check>

一. 1. 얼마나 2. 돌아가니 3. 잊어버리지 4. 샤워할 5. 약, 늘었습니다

<语法 check>

一. 1. 선물을 산 다음에 생일 잔치에 갈 것입니다.
 2. 수업이 끝난 후에 점심 식사를 할 것입니다.
 3. 공부를 한 다음에 산책을 가겠습니다.
 4. 약을 먹은 후에 푹 쉬십시오.
 5. 직장을 구한 다음에 결혼을 할 것입니다.
 6. 선생님한테 혼나기 전에 숙제를 해야 합니다.
 7. 자기 전에 꼭 이를 닦으십시오.

二. 1. 그는 키가 크고 잘 생겼습니다.
    2. 여름은 비가 많이 오고 매우 덥습니다.
    3. 나는 방학에 여행을 가고 할머니도 만날 것입니다.
    4. 친구와 빵을 먹고 음료수도 마셨습니다.
    5. 엄마는 회사에 가고 아빠는 운동을 하러 가셨습니다.
三. 1. 우리집에서 만납시다.   2. 미미 씨에게 줍시다.   3. 자장면 먹으러 갑시다.
    4. 네, 좋아요.
四. 1. 오늘 감기에 걸렸습니다. 그래서 결석을 했습니다.
    2. 오늘은 휴일입니다. 그래서 가족들과 공원에 놀러 갔습니다.
    3. 영화가 무척 재미있습니다. 그래서 많은 사람들이 좋아합니다.
    4. 숙제를 못 했습니다. 그래서 선생님한테 혼이 났습니다.
    5. 지갑을 잃어버렸습니다. 그래서 물건을 하나도 못 샀습니다.

<理解 exercise>
一. 1. ③   2. ②   3. ④
二. 1. 수미 씨 생일이에요.   2. 수미 씨 생일 선물을 샀어요.
    3. 생일 케이크와 장미꽃 한 다발을 선물했어요.
    4. 수미 씨 어머니가 요리한 음식을 맛있게 먹은 후에 수미 씨 사진을 봤어요. 커피도 마시고 이야기도 많이 했어요.
三. 1. 한국에 오기 전에 무엇을 했어요?
    2. 대학교를 졸업한 후에는 무엇을 할 거예요?
    3. 식기 전에 드세요.
    4. 수업이 끝난 후에 도서관에 갈 거예요.
    5. 퇴근한 후에 외국어를 배우러 학원에 갑니다.
    6. 토요일에 등산 갈까요?
四. 생략

听力内容 듣기 대본

왕호: 지민 씨, 이번 주말에 약속이 있어요?
지민: 아니요, 왕호 씨는 뭐 할 거예요?
왕호: 영화를 보고 싶어요. 지민 씨, 나와 같이 영화 볼래요?
지민: 좋아요. 영화를 보기 전에 같이 점심을 먹어요.
왕호: 정말 좋아요. 그러면 영화를 본 후에 같이 서점에 갈까요?
지민: 네, 그래요. 나도 서점에서 사고 싶은 책이 있어요.

第22课

<词汇 check>
一. 1. ⓢ 2. ⓞ 3. ⓛ 4. ⓡ 5. ⓓ 6. ⓧ 7. ⓟ 8. ⓩ 9. ⓖ 10. ⓗ

<语法 check>

一.

읽다	읽으시다	보내다	보내시다	쉬다	쉬시다
쓰다	쓰시다	가르치다	가르치시다	걷다	걸으시다
하다	하시다	웃다	웃으시다	크다	크시다
자다	주무시다	입다	입으시다	뛰다	뛰시다

二.

词汇	含义	敬语	词汇	含义	敬语	词汇	含义	敬语
집	宅, 家	댁	밥	饭	진지/식사	자다	睡	주무시다
이름	名字	성함	아들	儿子	아드님	죽다	死	돌아가시다
생일	生辰	생신	딸	女孩	따님	있다	在	계시다
말	话	말씀	묻다	问	여쭈다	주다	给	드리다
나이	年纪	연세	먹다	吃	드시다/잡수시다	아프다	病	편찮으시다

    1. 아버님께서는 무엇을 하십니까?
    2. 당신은 누구십니까?
    3. 많이 드십시오.
    4. 저희 할아버지께서는 작년에 돌아가셨습니다.
    5. 선생님은 성함이 어떻게 되십니까?
    6. 실례지만 연세가 어떻게 되십니까?

三. 1. 아버님께서는 무엇을 합니까? -하십니까?
    2. 너는 누구십니까? -당신은
    3. 많이 먹으십시오. -드십시오/잡수십시오
    4. 우리 할아버지는 작년에 죽었습니다.- 저희, 께서는, 돌아가셨습니다
    5. 선생님은 이름이 어떻게 되십니까? - 께서는, 성함이
    6. 실례지만 나이가 어떻게 됩니까? - 연세가, 되십니까?

四. 1. 이것은 제 것입니다.
    2. 그것은 제가 만들었습니다.
    3. 네, 저희들이 북경에서 온 학생들입니다.
    4. 네, 저희들도 같이 산책 가고 싶어요.

五. 1. 부모님께서는 일을 하십니다.   2. 선생님께서 오십니다.
    3. 어머니께서 음식을 만드십니다.   4. 아버지께서 주무시고 계십니다.
    5. 선물은 누구에게 줄 겁니까?   6. 부모님께 말씀드릴 것입니다.

<理解 exercise>

一. 1. ② 2. ③ 3. ② 4. ①
二. 1. 여자입니다.
    2. 아버지께서는 회사에 다니십니다. 어머니께서는 학교 선생님이십니다.

3. 언니는 의사입니다.
　　4. 아니요, 동생은 고등학교 학생입니다. 나는 대학교에서 경영학을 공부하고 있습니다.
　　5. 아니요, 우리 가족은 모두 인천에 삽니다. 그렇지만 나는 학교 기숙사에서 삽니다.
三. 1. 가족이 모두 몇 명입니까?　2. 부모님께서는 무슨 일을 하십니까?
　　3. 아버지께서는 우체국에 다니시고 어머니께서는 선생님이십니다.
　　4. 성함이 어떻게 되십니까?　5. 지금 어디에서 사십니까?
　　6. 할아버지 할머니 부모님께서는 천진에 계십니다.
四. ①
五. 목마른 사람이 우물 판다

听力内容 듣기 대본

미영: 가족이 어디에 계세요?
리칭: 네, 할아버지와 할머니, 부모님께서 북경에 계십니다.
미영: 부모님께서는 무슨 일을 하세요?
리칭: 아버지께서는 회사에 다니십니다. 어머니께서는 선생님이십니다.
미영: 왕민 씨는 지금 어디에서 살아요?
왕민: 대학교 기숙사에서 살아요. 한국어를 공부하고 있어요.
미영: 부모님께 자주 편지를 쓰세요?
왕민: 네, 자주 편지를 씁니다.

第23课

<词汇 check>
一. 1. 약, 약사　2. 기침하다, 토하다, 아프다, 콧물이 나다, 열이 나다, 어지럽다
　　3. 죽, 튀김, 아이스크림, 볶음밥　4. 슬프다, 화가 나다, 나쁘다, 기쁘다
　　5. 얼굴, 눈썹, 목, 엉덩이
<语法 check>
一. 1. 날이 너무 추워서　2. 거짓말을 해서　3. 여자 친구를 만나서
　　4. 공부를 열심히 안 해서　5. 할 일이 많아서　6. 엄마 생신이라서
二. 1. 빨리 서둘러야 합니다.　2. 식당에 가지 말고 집에서 밥을 먹읍시다.
　　3. 얼른 약을 먹어야 합니다.　4. 열심히 공부해야 합니다.
　　5. 우산을 쓰고 가야 합니다.　6. 일요일에 만나지 말고 토요일에 만납시다.
　　7. 저 식당에 가지 말고 이 식당에 갑시다.
三.

기쁘다	기뻐요	기뻐서	기뻤어요
쓰다	써요	써서	썼어요
아프다	아파요	아파서	아팠어요
고프다	고파요	고파서	고팠어요
예쁘다	예뻐요	예뻐서	예뻤어요
나쁘다	나빠요	나빠서	나빴어요

<理解 exercise>

一. 1. ② 2. ③ 3. ①
二. 1. 후 2. 어젯밤부터 춥고 소화가 안 됐습니다. 3. 6봉지 받았습니다.
   4. "식사를 하시고 30분 후에 이 약을 드세요. 하루에 세 번 드세요. 그리고 오늘은 죽을 드셔야 합니다." 라고 말했습니다.
三. 1. 어디가 편찮으십니까?
   2. 증세가 어떻습니까?
   3. 목이 많이 아프고 열이 납니다.
   4. 감기에 걸렸습니다.
   5. 기침도 하고 콧물도 납니다.
   6. 이 약을 드시고 푹 쉬셔야 합니다.
四. ③
五. 사공이 많으면 배가 산으로 올라간다

听力内容 듣기 대본

의 사: 어서 오세요. 어디가 안 좋으세요?
민 수: 머리가 많이 아파요. 그리고 열도 있어요.
의 사: 여기 앉으세요. 언제부터 아팠어요?
민 수: 어제 저녁부터 아팠어요.
의 사: 다른 증상은 없어요?
민 수: 목이 많이 아프고 기침을 해요.
의 사: 약을 처방했어요. 약을 사서 드세요. 그리고 2일 후에 다시 오세요.
민 수: 네, 감사합니다.

第24课

<词汇 check>

一. 1. 어떻게 2. 걸립니까 3. 1호선 4. 멉니까
   5. 내려야 6. 교통 7. 우연히

<语法 check>

一. 1. 집에서 백화점까지 지하철을 타고 옵니다.
   2. 경복궁에서 집까지 택시를 타고 옵니다.
   3. 왕푸징에서 둥딴까지 자전거를 타고 갑니다.
   4. 잠실역에서 잠실 운동장까지 걸어서 갑니다.
   5. 압구정역에서 종로까지 버스로 갑니다.
二. 1. 학교에 어떻게 가요? 버스를 타고 지하철로 갈아타야 합니다.
   2. 집에서 경복궁까지 어떻게 가요? 30번 버스를 타다가, 종로 3가에서 154번 버스를 갈아타야 합니다.
   3. 할아버지댁은 어떻게 갑니까? 먼저 기차를 타다가 버스로 갈아타야 합니다.
   4. 집에서 종로 5가까지 어떻게 갑니까? 지하철 2호선을 타다가 지하철 1호선을 갈아타야 합니다.
   5. 잠실 운동장은 어떻게 갑니까? 학교 앞에서 버스를 타다가 동대문 운동장에서 지하철로 갈아타야 합니다.

三. 1. 서울에서 북경까지 비행기로 2시간 걸립니다.
   2. 제주도에서 인천까지 배로 8시간 걸립니다.
   3. 서울에서 경주까지 고속버스로 5시간 걸립니다.
   4. 집에서 공원까지 자전거로 20분 걸립니다.
   5. 대전에서 대구까지 자동차로 3시간 걸립니다.
四. 1. 네, 집에서 학교까지 가까워요. 2. 서울에서 북경까지 비행기로 갑니다.
   3. 학교에 걸어서 갈 것입니다. 4. 아니요, 집에서 출발할 것입니다.
   5. 강원도에서 서울까지 얼마나 걸립니까?

<理解 exercise>
一. 1. ④ 2. ③ 3. ② 4. ②
二. 1. 친구와 같이 경주에 갔습니다.
   2. 지하철 2호선을 타고 가다가 교대역에서 3호선으로 갈아탔습니다. 그리고 고속버스 터미널역에 도착했습니다.
   3. 고속버스를 타고 갔습니다.
   4. 오후 3시.
三. 1. 집에서 박물관까지 지하철로 얼마나 걸려요?
   2. 1시간 15분쯤 걸려요.
   3. 학교 앞에서 88번 버스를 타십시오.
   4. 교보문고에 가고 싶습니다. 어떻게 가야 합니까?
   5. 몇 정류장 더 가야 돼요?
   6. 서울에서 북경까지 비행기로 2시간 걸려요.
四. ②

听力内容 듣기 대본

왕   위: 공항에 가고 싶어요. 어떻게 가야 합니까?
이진수: 학교 앞에서 공항버스 603번을 타세요.
왕   위: 공항까지 얼마나 걸려요?
이진수: 1시간 30분 정도 걸려요.
왕   위: 여기에서 공항버스 타는 곳까지 가까워요?
이진수: 네, 걸어서 5분쯤 걸립니다.

综合练习 4

一. 1. 학교에서 종로까지 어떻게 가야 됩니까?
   2. 저는 불고기 비빔밥을 먹고 싶어요.
   3. 음료수는 뭘로 하시겠습니까?
   4. 벚꽃 구경을 하러 버스를 타고 공원에 갑시다.
   5. 아버지께서는 가족과 같이 여행하는 것을 좋아하십니다.
   6. 당신 가족은 모두 몇 명입니까?
   7. 할아버지께서는 많이 편찮으십니다.
   8. 아까부터 배가 많이 아프고 두통이 심합니다.

9. 우리집과 학교는 아주 가까워서 15분밖에 안 걸립니다.
10. 여기서 종로까지 몇 정류장을 더 가야 됩니까?

二. 1. 께서는, 연세 2. 에서, 까지 3. 가기 전에, 고 싶습니다 4. 로 가면
5. 할까요?/ 하러 갈까요? 6. 걸린 7. 무슨 8. 그러면, 지 말고, 십시오
9. 은 10. 께

三. 1. 서울까지 2. 생신이어서, 가야 합니다. 3. 버스를, 갈아타고 4. 무슨, 해야
5. 내일, 싫습니다. 6. 금요일까지 7. 졸업한 8. 전에, 놀지 말고
9. 쓸 때, 예쁘게 10. 봐서, 기뻤습니다.

四. 1. ② 2. ④ 3. 봄 4. 가을

五. 1. 사공, 산 2. 뺨, 눈 3. 금강산도 식후경 4. 그림의 떡
5. 목마른 사람이 우물 판다

第25课

<词汇 check>

一. 1. 좀 2. 잘못 3. 통화 4. 동전 5. 며칠 6. 빌려주세요, 빌려준

<语법 check>

一. 1. 팔칠사의 공사공오 2. 이육삼의 일이공사
3. 공일공의 사육팔의 사사구팔 4. 공일공의 구공구의 이이오삼
5. 공일공의 공구공구의 칠삼삼일

二. 1. 네, 좀 바쁩니다. 2. 네, 끝냈어요./ 아니요, 아직 못 끝냈어요.
3. 네, 정말 귀여워요. 4. 네, 회사원이세요./ 아니요, 의사이세요.
5. 네, 음식이 아주 맛있어요./ 아니요, 별로예요.

三.

돕다	도와 주다	설명하다	설명해 주다
먹다	먹어 주다	넣다	넣어 주다
가다	가 주다	잡다	잡아 주다
사다	사 주다	신다	신어 주다
가르치다	가르쳐 주다	그리다	그려 주다
읽다	읽어 주다	웃다	웃어 주다

四. 1. 공부하고 있는데요. 2. 괜찮은데요. 3. 좀 바쁜데요.
4. 특별한 계획이 없는데요. 5. 새로 나온 소설책인데요.

五. 1. 미미 씨가 온다고 했습니다. 그런데 결국 안 왔습니다.
2. 한국은 작은 나라입니다. 그런데 경제가 아주 발달되었습니다.
3. 숙제가 많습니다. 그런데 하기가 싫습니다.
4. 여행을 가고 싶습니다. 그런데 시간이 없습니다.
5. 왕동 씨는 착합니다. 그런데 키가 좀 작습니다.

<理解 exercise>

一. 1. ④ 2. ③ 3. ① 4. ②

二. 1. 은애 씨와 수영을 했습니다.

2. 은애 씨 집에서 아무도 전화를 받지 않아서.
  3. 전화를 걸었어요. 4. 세 번.
  5. 오후 2시쯤 학교 근처에서 만났습니다.
三. 1. 여보세요, 한국전자입니까?
  2. 이수미 씨 좀 부탁 드립니다.
  3. 실례지만 누구십니까?
  4. 그러면 제가 저녁에 다시 전화하겠습니다.
  5. 거기 3392-3355 아닙니까?
  6. 죄송합니다. 잘못 걸었습니다.
四. ①
五. 발 없는 말이 천리 간다

听力内容 듣기 대본

이수민: 여보세요. 거기 장 선생님 댁이지요?
부   인: 네, 그렇습니다. 실례지만 누구신지요?
이수민: 저는 장 선생님의 제자입니다. 장 선생님 지금 댁에 계세요?
부   인: 지금 안 계시는데요. 운동하러 가셨어요.
이수민: 죄송하지만, 언제쯤 들어오실까요?
부   인: 오늘 저녁 7시쯤 들어오실 거예요. 그런데, 성함이 어떻게 되세요?
이수민: 네, 제 이름은 이수민이고 전화번호는 3245-6879입니다.
부   인: 네, 알겠습니다.

第26课

<词汇 check>
一. 1. ㄹ 2. ㄴ 3. ㅈ 4. ㄷ 5. ㄱ 6. ㅁ 7. ㅂ 8. ㅇ 9. ㅅ 10. ㅊ

<语法 check>
一. 1. 많은 2. 더운, 시원한 3. 노란, 흰 4. 두꺼운 5. 재미있는 6. 눈이 오는
二. 1. 성격 좋은 사람하고 결혼하고 싶습니다.
  2. 교통이 아주 편한 곳으로 이사했습니다.
  3. 예쁜 치마를 받고 싶어요.
  4. 재미있는 드라마를 좋아해요.
  5. 소설책을 보고 있습니다.
三. 1. 오빠는 나보다 운동을 잘 합니다. 2. 나는 여름보다 겨울이 좋습니다.
  3. 백화점보다 시장이 물건이 비쌉니다. 4. 개보다 사자가 더 힘이 셉니다.
  5. 치마보다 바지가 더 편합니다.
四. 1. 지금 책을 읽고 있어요. 2. 방에서 주무시고 계세요.
  3. 요즘 시험 공부를 하고 있어요. 4. 배가 고파서 밥 먹고 있었어요.
  5. 한국 드라마를 보고 있어요.

<理解 exercise>
一. 1. ③ 2. ② 3. ② 4. ④
二. 1. 한복을 입고 계십니다. 2. 분홍색 원피스를 입고 스카프를 매고 있습니다.

3. 매고
  4. 감색 양복을 입고 빨간색 넥타이를 매고 있습니다. 그리고 검정색 구두를 신었습니다.
  5. 올해 유행하는 짧은 치마를 입고 부츠를 신었습니다.
三. 1. 구경 하시고 마음에 드는 것을 골라보세요.
  2. 이 치마보다 좀 더 밝은 색은 없습니까?
  3. 안경을 끼고 검정색 양복을 입었어요.
  4. 입어 볼 수 있을까요?
  5. 키가 크고 날씬하시니까 이 사이즈는 어떠세요?
  6. 이 블라우스로 주세요, 딱 맞아요.
四. ③
五. 낮말은 새가 듣고 밤말은 쥐가 듣는다

听力内容 듣기 대본

점원: 어서 오세요, 무슨 옷을 찾으세요?
지영: 아니요, 그냥 구경하고 싶어서요.
점원: 아, 그러세요. 보시고 마음에 드시는 물건이 있으시면 골라 보세요.
지영: 여기 혹시 블라우스 있어요?
점원: 그럼요, 이 하얀색 블라우스는 어때요?
지영: 아니요, 저는 이 하얀색보다 저 분홍색이 더 마음에 들어요. 분홍색 블라우스로 55사이즈 주실래요?
점원: 네, 요즘 유행하고 있는 디자인이에요.
지영: 그럼, 이걸로 주세요. 사이즈도 맞고 디자인도 마음에 들어요.
점원: 손님이 지금 입고 있는 검정색 치마하고도 잘 어울리는데요.
지영: 고맙습니다.

第27课

<词汇 check>
一. 1. 오랜만 2. 조금씩 3. 만년필, 글씨 4. 교외, 어때요?
  5. 꾸준히 6. 듭니다 7. 나, 취미 8. 오르는
<语法 check>
一. 1. 쇼핑하는 것을 즐깁니다. 2. 시장에 가면 꼭 사는 것은 야채입니다.
  3. 아니요, 혼자 있을 때 책 읽는 것을 좋아합니다.
  4. 저는 거짓말 하는 것을 싫어합니다.
  5. 식당에 가서 밥 먹는 것이 좋겠습니다.
二. 1. 바쁘면 다음에 만납시다. 2. 그 옷이 마음에 들면 사세요.
  3. 기분이 좋으면 노래를 부릅니다. 4. 추우면 옷을 입으세요.
  5. 아프면 병원에 가 보세요.
三. 1. 서울이나 제주도에 가 보고 싶습니다.
  2. 테니스나 탁구를 해 보았습니까?
  3. 콜라나 커피를 마셔 보세요.
  4. 비행기나 자가용을 타 보십시오.

5. 영화표나 연극표를 사 보았습니까?
6. 시계나 반지를 선물해 본 적이 있습니까?

四.

듣다	들어서	듣고	들었습니다
걷다	걸어서	걷고	걸었습니다
신다	신어서	신고	신었습니다

<理解 exercise>
一. 1. ② 2. ④ 3. ② 4. ③
二. 1. 여행입니다. 2. ㉠ 보다 ㉡ 더
　　3. 지난 봄에 가족과 함께 갔습니다. 4. 기차를 타고 갔습니다.
　　5. 아니요, 이번 여름에 갈 것입니다.
三. 1. 취미가 뭐예요? 2. 나는 사진 찍는 것을 좋아해요.
　　3. 그러면 우리 이번 주말에 교외로 나가 보는 것은 어때요?
　　4. 운동은 꾸준히 매일 하는 것이 중요합니다.
　　5. 나무하고 꽃을 가꾸는 것을 좋아해요.
　　6. 저는 등산을 좋아해요. 산을 오르면 기분이 좋아요.
四. ②
五. 우물가에서 숭늉 찾는다

听力内容 듣기 대본

민수: 지영 씨, 취미가 뭐예요?
지영: 수영을 좋아해요. 민수 씨는 무슨 취미가 있어요?
민수: 저는 등산을 좋아해요. 산을 오르면 기분이 좋아요.
지영: 이번 주말에 뭘 할 거예요?
민수: 저는 등산을 갈 거예요. 지영 씨는요?
지영: 저는 이번 주말 친구와 바다에 갈 거예요. 거기에서 수영도 할 거예요.

第28课

<词汇 check>
一. 1. 사거리 2. 아마, 을 것입니다 3. 지하도 4. 퇴근 시간 5. 그러니까
　　6. 매표소 7. 끊으세요 8. 건널, 횡단보도

<语法 check>
一. 1. 왼쪽으로 조금 가다가 보면 있습니다. 2. 여름 휴가는 바다로 갈 것입니다.
　　3. 지하철을 타고 가다가 버스로 갈아 타야 합니다.
　　4. 여기서 똑바로 가다가 왼쪽으로 가면 있습니다.
　　5. 2층 사무실로 가면 이 과장님을 만날 수 있습니다.
二. 1. 좋아요. 아마 영화가 재미있을 거예요.
　　2. 아마 왕동 씨는 오고 있을 것입니다.
　　3. 이 책을 보세요. 아마 재미있을 거예요.
　　4. 아마 갈 수 있을 거예요.

5. 글쎄요, 아마 컴퓨터일 것입니다.
　　6. 그럼 남대문 시장으로 가세요. 거기가 아마 좀 쌀 거예요.
三. 1. 서울은 나라가 아닙니다. 한국의 수도입니다.　2. 제 취미는 운동이 아닙니다.
　　3. 콜라는 몸에 좋은 음식이 아닙니다.　4. 토마토는 과일이 아닙니다.
　　5. 잃은 물건은 시계가 아닙니다.
四. 1. 택시를 탑시다.　2. 오늘은 제가 밥을 사겠습니다.　3. 다른 곳으로 갑시다.
　　4. 조심하세요.　5. 조금만 드세요.

<理解 exercise>
一. 1. ③　2. ②　3. ①　4. ②
二. 1. 명동 지하철
　　2. 명동 지하철역에서 내려서 2번 출구로 나오면 은행이 있습니다.
　　3. 은행에서 오른쪽으로 가면 횡단보도가 있습니다. 횡단보도를 건너면 백화점이 있고 백화점 옆에 커피숍이 있습니다.
三. 1. 실례합니다. 우체국이 어디에 있습니까?
　　2. 이 길로 가다가 사거리가 나오면 오른쪽으로 가십시오.
　　3. 여기에서 어떻게 가야 합니까?
　　4. 네, 여기서 곧장 육교를 건너세요.
　　5. 이 도로는 잘 밀리지 않으니까 20분 정도면 도착할 겁니다.
　　6. 롯데 백화점은 바로 지하철역 옆에 있습니다.
四. ④
五. 막상막하

听力内容 듣기 대본

왕 동: 실례합니다. 말씀 좀 묻겠습니다. 이 근처에 우체국이 있습니까?
행 인: 이 길로 똑바로 가면, 육교가 있습니다. 먼저 육교를 건너세요.
왕 동: 네, 알겠습니다.
행 인: 육교를 건너서, 왼쪽으로 가시면 지하철역이 있습니다.
왕 동: 그곳에 우체국이 있어요?
행 인: 네, 그 지하도를 건너면 바로 우체국이 있습니다.
왕 동: 고맙습니다.

第29课

<词汇 check>
一. 1. 우연히　2. 오래간만이야　3. 요즘　4. 근황　5. 결혼　6. 준비하느라
　　7. 바빠　8. 졸업 논문　9. 안부를 전해　10. 헤어졌습니다

<语法 check>
一. 1. 일이 아주 많아서 야근을 해야 합니다.
　　2. 다리를 다쳐서 치료를 받았습니다.
　　3. 반가운 친구를 만나서 일요일에 같이 등산 가기로 했습니다.
　　4. 옷을 너무 많이 사서 돈이 떨어졌습니다.

5. 차가 막힐 시간이어서 지하철을 타고 갔습니다.
二. 1. 멋있게   2. 맛있게   3. 흥미있게   4. 늦게   5. 어떻게
三. 1. ㉡ 2. ㉤ 3. ㉢ 4. ㉠ 5. ㉣
四. 1. 아니요, 한국 요리를 잘 못 해요.   2. 네, 그렇지만 중국어를 못 해요.
   3. 아니요, 오늘 미미 씨를 못 봤어요.   4. 죄송해요. 같이 식사 못 해요.
   5. 아니요, 빨래 다 못 했어요.
五. 1. 저는 한국말을 선생님에게서 배웠습니다.
   2. 오늘 엄마한테서 김치를 받았습니다.
   3. 그 이야기는 동생한테서 들었습니다.
   4. 친구한테서 전화 왔어요?
   5. 동생한테서 연락 받았습니다.

<理解 exercise>
一. 1. ③ 2. ② 3. ③
二. 1. 송단단 씨가 리리에게 쓰는 편지입니다.
   2. 6개월 만에 연락을 했습니다.
   3. 지금은 김치도 잘 먹고 김치찌개도 무척 좋아합니다.
   4. 요즘 주말에는 교외로 나가 사진을 찍고 있습니다.
三. 1. 오래간만입니다. 어떻게 지내셨습니까?
   2. 좀 바쁘게 지냈습니다.
   3. 아마 지금쯤 제주도에 가서 재미있게 구경하고 있을 겁니다.
   4. 여기는 웬 일입니까?
   5. 졸업식에 못 가서 너무 아쉬워요.
   6. 우리 언제 만나서 식사도 하고 밀린 이야기도 해요.
四. ②
五. 가는 말이 고와야 오는 말이 곱다

听力内容 듣기 대본

진수: 리리 씨, 정말 오랜만이에요. 요즘 어떻게 지냈어요?
리리: 네, 그동안 저는 북경에 좀 다녀왔어요.
진수: 아, 그래서 리리 씨를 오랫동안 도서관에서 못 봤네요. 지금 바쁘세요?
리리: 아니요, 괜찮아요. 왜요?
진수: 북경에 다녀온 이야기를 듣고 싶어서요.
리리: 그럼 같이 커피숍에 가서 이야기를 할까요?
진수: 네, 좋아요. 커피를 마시면서 이야기해요.
리리: 저 커피숍으로 갈까요? 저 집의 커피 맛이 참 좋아요.

第30课

<词汇 check>
一. 1. 빠른   2. 킬로그램, 부치려면   3. 선편   4. 영수증   5. 박스, 재야   6. 별로
   7. 짜리

<语法 check>
一. 1. 방금 노래를 한 사람은 접니다.   2. 사거리를 돌면 병원이 있습니다.

3. 사과는 엄마가 사온 것입니다. 4. 고향에 계시는 부모님께서 보내신 겁니다.
5. 그러면 무엇을 할 계획입니까?

二. 1. 영화를 보려면 먼저 표를 사야 합니다.
2. 날씬해 지려면 음식을 적게 먹어야 합니다.
3. 성적을 올리려면 더 열심히 공부해야 합니다.
4. 멋진 집을 사려면 돈을 모아야 합니다.
5. 그 사람의 마음에 들려면 정직해야 합니다.

三. 1. 6천 원쯤 듭니다.
2. 아닙니다. 조금밖에 안 들었습니다.
3. 미용실에서 머리를 깎는 데 5천 원입니다.
4. 얼마나 들었는지 잘 모릅니다.
5. 보통 5천만 원에서 1억쯤 듭니다.

四. 1. 점심으로 5천 원짜리를 먹었습니다.
2. 3억짜리 집을 사고 싶습니다.
3. 이 치마는 4만 원짜리입니다.
4. 저 수박은 얼마입니까? 만 원짜리는 없습니까?
5. 핸드폰이 20만 원짜리라고요? 너무 비싸요.

五.

알다	압니다	아십니다	아는
길다	깁니다	기십니다	긴
만들다	만듭니다	만드십니다	만드는/만든
벌다	법니다	버십니다	버는/번
팔다	팝니다	파십니다	파는
졸다	좁니다	조십니다	조는

<理解 exercise>

一. 1. × 2. ○ 3. ○ 4. × 5. ×
二. 1. 중국에 살고 계시는 부모님께 소포를 부쳤습니다.
2. 한국에서 회사를 다니고 있습니다.
3. 어머니의 생신을 축하하려고 소포를 부쳤습니다.
4. 우체국이 아주 복잡하고 바빴습니다. 편지와 소포를 보내는 사람들이 아주 많았습니다.
三. 1. 이 소포를 북경에 보내려고 하는데요.
2. 더 빨리 보내려면 빠른 우편을 이용하십시오.
3. 2,000원짜리 우표 한 장하고 100원짜리 우표 네 장을 붙이십시오.
4. 항공편으로 보내는 데는 9천 원 정도 들고, 선편으로 보내는 데는 3천 원 정도 듭니다.
5. 20킬로그램에 얼마인가요?
6. 약 7만 원 정도입니다. 종이 박스에다가 물건을 넣으세요.
四. 생략

听力内容 듣기 대본

직 원: 안녕하세요? 뭘 도와 드릴까요?
지 민: 이 편지를 중국에 부치고 싶은데요. 얼마짜리 우표를 붙여야 하지요?
직 원: 보통 우편으로 보내실 겁니까? 아니면 EMS로 보내실 겁니까?
지 민: 보통 우편으로 보낼 겁니다.
직 원: 1,000원짜리 우표 한 장하고 100원짜리 우표 세 장을 붙이세요.
지 민: 네, 알겠습니다. 그리고 일본에 소포를 부치려고 하는데요.
직 원: 포장 안에 뭐가 들었습니까?
지 민: 책이에요. 항공편으로 보내면 언제쯤 들어갑니까?
직 원: 한 일주일 정도 걸릴 겁니다. 항공편으로는 만 원입니다.
지 민: 네, 여기 편지와 소포까지 모두 얼마지요?
직 원: 11,300원입니다.
지 민: 네, 여기 있습니다.

综合练习 5

一. 1. 파란 색 청바지가 참 예쁘고 멋있는데요.
   2. 일본에 부치는 소포는 20킬로그램에 약 8만 원 정도입니다.
   3. 편지를 부칠 때 봉투에 우표를 꼭 붙이십시오.
   4. 정말 반가워요. 몇 년 만에 만나는 거죠?
   5. 일요일은 노는 날이라서 백화점에 사람들이 많습니다.
   6. 우리 집은 지하철역 바로 앞에 있습니다.
   7. 이렇게 밝은 색보다 좀 어두운 색은 없나요?
   8. 저는 꽃 가꾸는 것을 무척 좋아해요.
   9. 손님, 어떻게 오셨습니까?
   10. 아니요, 잘못 거셨는데요.

二. 1. 따뜻한 2. 예쁜 3. 빨간 4. 노란 5. 하얀 6. 두꺼운
   7. 가벼운 8. 깊은 9. 깬 10. 밝은

三. 1. 실례했습니다, 계십니까? - 실례합니다. 계십니까?
   2. 사면 – 사려면
   3. 가러 – 가려
   4. 않았으니까 – 않으니까
   5. 그렇니까, 있었습니다. - 그러니까, 있을 겁니다.
   6. 샀어 – 사
   7. 봤고 – 보고
   8. 가는데- 가야/ 가는 게
   9. 들을 지 – 듣지
   10. 편안한 귀연 – 편안하고 귀여운

四. 1. ③ 2. ② 3. ① 4. ④

五. 1. 우물, 숭늉 2. 낮, 밤 3. 발 없는 말이 천리 간다 4. 막상막하
   5. 가는 말이 고와야 오는 말이 곱다

标准韩国语第一册（第7版）课本答案

第13课

1. (1) 옵니다. 옵니까?　　　　　　　　(2) 봅니다. 봅니까?
   (3) 듣습니다. 듣습니까?　　　　　　(4) 먹습니다. 먹습니까?
   (5) 입습니다. 입습니까?　　　　　　(6) 만납니다. 만납니까?
   (7) 합니다. 합니까?　　　　　　　　(8) 읽습니다. 읽습니까?
   (9) 공부합니다. 공부합니까?　　　　(10) 좋습니다. 좋습니까?
   (11) 학생입니다. 학생입니까?　　　(12) 중국 사람입니다. 중국 사람입니까?
2. (1) 공부합니다.　　(2) 재미있습니다.　　(3) 좋습니다.
   (4) 대학생입니다.　(5) 한국 사람입니까?　(6) 회사에 다닙니까?
3. (1) 는　(2) 는　(3) 은　(4) 는　(5) 은　(6) 는
4. (ㄱ)　　　　　　　　(ㄴ)

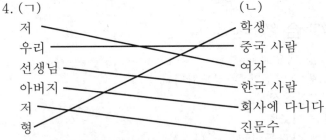

   (1) 저는 여자입니다.
   (2) 우리는 중국 사람입니다.
   (3) 선생님은 한국 사람입니다.
   (4) 아버지는 회사에 다니십니다.
   (5) 형은 학생입니다.
5. (1) ㄱ: 안녕하세요? 처음 뵙겠습니다.
       ㄴ: 안녕하세요? 만나서 반갑습니다.
       ㄱ: 성함이 어떻게 되세요?
       ㄴ: 저는 왕단입니다.
       ㄱ: 어느 나라 사람이에요?
       ㄴ: 저는 중국 사람입니다.
       ㄱ: 직업은 뭐예요?
       ㄴ: 저는 회사원입니다.
   (2) 안녕하세요? 저는 이영애입니다. 지금 서울대학교를 다니고 있습니다. 한국어를 전공합니다.
6. (1) 아닙니다. 리칭 씨는 북경대학 학생입니다.
   (2) 경영학입니다.
   (3) 네, 고등학교 교사입니다.
   (4) 네, 회사원입니다.

7. (1) 안녕하세요? 저는 왕단입니다.
   (2) 진문수 씨는 중국 사람입니까?
   (3) 저는 북경대학 학생입니다.
   (4) 김영호 씨의 전공은 한국어입니까?
   (5) 재미있습니까?
       네, 재미있습니다.
   (6) 우리는 한국 사람입니다.
   (7) 만나서 반갑습니다.
   (8) 저는 서울대학교 학생입니다.
   (9) 형의 전공은 무엇입니까?
       형의 전공은 경영학입니다.
   (10) 학생입니까?
        아닙니다. 회사에 다닙니다.
8. (1) 이름: 김철수
       나이: 18세
       국적: 중국
       생년월일: 1987년 5월 19일
       고향: 북경
   (2) 안녕하세요? 저는 김철수입니다. 나이는 18세이고 국적은 중국입니다. 저는 1987년 5월 19일 북경에서 태어났습니다.

第14课

1. (1) 를   (2) 을   (3) 을   (4) 를   (5) 을   (6) 를
2. (1) 는   (2) 을   (3) 은, 을   (4) 는, 을   (5) 를   (6) 는, 를
3. (1) 우체국에 갑니다.   (2) 식당에 갑니다.
   (3) 학교에 갑니다.   (4) 가게에 갑니다.
   (5) 서점에 갑니다.   (6) 다방에 갑니다.
4. 우체국 — 편지를 보내다
   다방 — 차를 마시다
   학교 — 공부를 하다
   가게 — 과자를 사다
   식당 — 밥을 먹다
   도서관 — 책을 빌리다
   집 — 텔레비전을 보다

   (1) 우체국에서 편지를 보냅니다.   (2) 다방에서 차를 마십니다.
   (3) 학교에서 공부를 합니다.   (4) 가게에서 과자를 삽니다.
   (5) 식당에서 밥을 먹습니다.   (6) 도서관에서 책을 빌립니다.
   (7) 집에서 텔레비전을 봅니다.
5. (1) 는, 를   (2) 은, 에, 에서, 를
   (3) 는, 를, 는   (4) 는, 에서, 를

6. (1) "-(으)ㅂ시다"
    음악을 들읍시다.
    밥을 먹읍시다.
    공부를 합시다.
   (2) "-(으)십시오"
    공부를 하십시오.
    대답을 하십시오.
    질문을 하십시오.

7.

이름	장소	하는 일
진문수	우체국	편지를 보냅니다.
문지숙	다방	차를 마십니다.
문지영	식당	밥을 먹습니다.
김미정	도서관	책을 빌립니다.
오현경	학교	공부를 합니다.

(1) ㄱ: 문지숙 씨, 오늘 어디에 갑니까?
    ㄴ: 다방에 갑니다.
    ㄱ: 다방에서 무엇을 합니까?
    ㄴ: 다방에서 차를 마십니다.
(2) ㄱ: 문지영 씨, 오늘 어디에 갑니까?
    ㄴ: 식당에 갑니다.
    ㄱ: 식당에서 무엇을 합니까?
    ㄴ: 식당에서 밥을 먹습니다.
(3) ㄱ: 김미정 씨, 오늘 어디에 갑니까?
    ㄴ: 도서관에 갑니다.
    ㄱ: 도서관에서 무엇을 합니까?
    ㄴ: 도서관에서 책을 빌립니다.
(4) ㄱ: 오현경 씨, 오늘 어디에 갑니까?
    ㄴ: 학교에 갑니다.
    ㄱ: 학교에서 무엇을 합니까?
    ㄴ: 학교에서 공부를 합니다.

8. (1) 아닙니다. 오늘은 월요일입니다.
   (2) 학교에 갑니다.
   (3) 학교에서 공부를 합니다.
   (4) 한국어를 공부합니다.
   (5) 아니요, 아주 재미있습니다.

9. 오늘은 일요일입니다. 저는 도서관에서 숙제를 합니다.

10. (1) 진문수 씨는 식당에서 밥을 먹습니다.
    (2) 영호 씨는 오늘 학교에 갑니다.

(3) 어디에 갑니까?
    우체국에 갑니다.
(4) 무엇을 삽니까?
    사과를 삽니다.
(5) 차를 드십시오.
(6) 왕단 씨는 서울대학교에서 한국어 공부를 합니다.
(7) 안녕히 가세요.
(8) 저를 따라오세요.
(9) 질문이 있습니까?
(10) 우리 같이 영화를 봅시다.

第15课

1. (1) 학교에 갔습니다. (2) 친구를 만났습니다.
   (3) 저는 학생이었습니다. (4) 책을 읽었습니까?
   (5) 열심히 공부를 했습니다. (6) 술을 마셨습니다.
   (7) 밥을 먹었습니다. (8) 편지를 보냈습니다.
   (9) 이세민 씨는 선생님이었습니다. (10) 무엇을 했습니까?
   (11) 재미있었습니까? (12) 개를 무척 좋아했습니다.
2. (1) 아니요, 안 샀습니다. (2) 아니요, 안 만납니다.
   (3) 아니요, 안 좋아합니다. (4) 아니요, 안 했습니다.
   (5) 아니요, 안 가지고 왔습니다. (6) 아니요, 안 덥습니다.
3. (1) 가족과 같이 삽니다. (2) 보통 친구와 함께 먹습니다.
   (3) 어머니와 자주 이야기를 합니다. (4) 보통 친구와 함께 영화를 봅니다.
4. (1) 빨래도 했습니다. (2) 춤도 췄습니다.
   (3) 어머니도 만났습니다. (4) 고양이도 좋아합니다.
   (5) 녹차는 안 좋아합니다. (6) 학교에 갔습니다.
   (7) 지각했습니다. (8) 잘 못 읽습니다.
5. (1) 저는 어제 친구를 만났습니다.
   (2) 저는 지금 열심히 공부합니다.
   (3) 저는 어제 연필을 샀습니다. 그렇지만 사전은 안 샀습니다.
   (4) 저는 어제 친구와 함께 영화를 보았습니다. 그리고 같이 저녁을 먹었습니다.
   (5) 어제 청소를 했습니다. 그리고 빨래도 했습니다.
   (6) 어제는 일요일이었습니다. 저는 학교에 안 갔습니다.
6.

이름	무엇을 했습니까?
이세민	청소를 했습니다. 빨래를 했습니다. 편지를 썼습니다.
문지숙	남자 친구를 만났습니다. 밥을 먹었습니다. 영화를 보았습니다.
문지영	도서관에 갔습니다. 공부를 했습니다. 텔레비전을 보았습니다.

(续)

이름	무엇을 했습니까?
김미진	서점에 갔습니다. 책을 샀습니다. 책을 읽었습니다.
김미정	친구를 만났습니다. 노래방에 갔습니다. 노래를 했습니다.
김미학	운동을 했습니다. 술을 마셨습니다. 춤을 추었습니다.

7. (1) 네.
　(2) 친구를 만났습니다.
　(3) 아니요, 친구와 영화를 보았습니다.
　(4) 영화를 보았습니다. 그리고 저녁을 먹었습니다. 그리고 커피를 마셨습니다.
8. 어제 저는 친구를 만났습니다. 그리고 밥을 먹었습니다. 아주 맛있었습니다. 그리고 운동을 했습니다.
9. (1) 저는 어제 우체국에 갔었습니다.
　(2) 저는 오늘 신문을 안 봤습니다.
　(3) 저는 어제 친구들과 함께 점심을 먹었습니다.
　(4) 저는 빨래를 했습니다. 그리고 텔레비전을 보았습니다.
　(5) 저는 차를 좋아합니다. 그렇지만 동생은 커피를 좋아합니다.
　(6) 왕단 씨는 집에서 책을 읽었습니다. 그리고 친구와 같이 이야기를 나누었습니다.
　(7) 저는 서점에 갔습니다. 그렇지만 사전을 안 샀습니다.
　(8) 저는 학교에서 공부를 했습니다. 그리고 형과 같이 식당에 갔습니다.
　(9) 저는 동생과 같이 한국에 여행을 갔습니다.
　(10) 저는 어제 장 선생님을 만났습니다.

第16课

1. (1) 저는 언니가 있습니다. 그렇지만 오빠가 없습니다.
　(2) 저는 고양이가 있습니다. 그렇지만 개가 없습니다.
　(3) 저는 우유가 있습니다. 그렇지만 빵이 없습니다.
　(4) 저는 콜라가 있습니다. 그렇지만 맥주가 없습니다.
　(5) 저는 책이 있습니다. 그렇지만 연필이 없습니다.
　(6) 저는 지갑이 있습니다. 그렇지만 돈이 없습니다.
2. (1) 팔
　(2) 사십육
　(3) 백팔
　(4) 사천칠백오십
　(5) 팔천구백이십팔
　(6) 만 오천이십
　(7) 사십삼만 백오십구
　(8) 육십일만 칠천사백

4.

	이주홍	문지숙	문지영	김미정
학년	1학년	2학년	4학년	3학년
나이	20살	21살	23살	22살
생년월일	1995. 6. 7	1994. 5. 19	1992. 6. 19	1993. 6. 1
전화번호	733-1300	811-1108	810-1100	911-0008
가족수	5명	4명	4명	4명

5. (1) 오늘은 2015년 5월 19일입니다. (2) 이만 원 있습니다.
   (3) 6시간 잡니다. (4) 석 달 공부했습니다.
   (5) 네 권 있습니다. (6) 두 개 있습니다.
6. (1) 빵과 우유를 (2) 일본어와 한국어를
   (3) 토끼와 개를 (4) 미정이와 지영이가
   (5) 도서관과 우체국에 (6) 비빔밥과 불고기를
7. (1) ㄱ: 이 사람은 누구입니까?
       ㄴ: 이 사람은 김철수입니다.
       ㄱ: 저것은 무엇입니까?
       ㄴ: 저것은 볼펜입니다.
   (2) ㄱ: 그 사람은 어디에 갔습니까?
       ㄴ: 학교에 갔습니다.
   (3) ㄱ: 이 곳은 어디입니까?
       ㄴ: 이 곳은 문방구입니다.
8. (1) ㄱ: 아저씨, 이 사과 얼마입니까?
       ㄴ: 500원입니다.
       ㄱ: 5개 주십시오.
       ㄴ: 2,500원입니다.
   (2) ㄱ: 이 생선 얼마입니까?
       ㄴ: 1,000원입니다.
       ㄱ: 세 마리 주세요.
   (3) ㄱ: 이 볼펜 얼마입니까?
       ㄴ: 300원입니다.
       ㄱ: 저 공책은 얼마입니까?
       ㄴ: 3,000원입니다.
       ㄱ: 이 볼펜 3개와 저 공책 2권 주십시오.
9. (1) 가방과 구두를 샀습니다.
   (2) 가방은 15,000원, 구두는 32,000원이었습니다.
   (3) 친구는 시장에서 물건을 사지 않았습니다.
   (4) 권, 잔
10. 저는 오늘 친구와 같이 서점에 갔습니다. 저는 서점에서 책 한 권을 샀습니다. 책은 8,000원이었습니다.

11. (1) 저는 어제 사과 5개와 빵 4개를 샀습니다.
    (2) 교실에 학생이 없습니다.
    (3) 지금은 2016년 3월 18일 8시 15분입니다.
    (4) 저는 과자와 비빔밥을 좋아합니다.
    (5) 여기는 어디입니까?
        —여기는 학교 도서관입니다.
    (6) 이 콜라 한 병 얼마입니까?
    (7) 빵 세 개 주십시오.
    (8) 저는 한국어를 두 달 공부했습니다.
    (9) 책을 몇 번 읽었습니까?
    (10) 오늘은 몇 월 며칠입니까?
        —오늘은 5월 18일입니다.

第17课

1. (1) 두 시 오 분입니다.
   (2) 네 시 사십 분입니다.
   (3) 열한 시 오십 분입니다. / 열두 시 십분 전입니다.
   (4) 여섯 시 이십오 분입니다.
   (5) 일곱 시 사십오 분입니다. / 여덟 시 십오 분 전입니다.
   (6) 여덟 시 십오 분입니다.
2. (1) 일곱 시에 일어납니다.
   (2) 일곱 시 이십 분에 아침 운동을 합니다.
   (3) 여덟 시 사십오 분에 학교에 갑니다.
   (4) 열두 시 삼십 분에 점심 식사를 합니다.
   (5) 세 시에 친구를 만납니다.
   (6) 열한 시 반에 잡니다.
3. (1) 갈 겁니다. 살 겁니다.   (2) 잘 겁니다.
   (3) 편지를 쓸 겁니다.   (4) 만날 겁니다. 줄 겁니다.
   (5) 만날 겁니다. 전화할 겁니다.   (6) 부칠 겁니다.
4. (1) 에게   (2) 에서   (3) 에   (4) 에게   (5) 부터, 까지   (6) 는   (7) 을
5. (1) 책을 읽었습니다.   (2) 북경에 있었습니다.
   (3) 백화점에서 쇼핑을 할 예정입니다.   (4) 친구에게 이야기할 겁니다.
6. 월요일에는 시장에 갈 겁니다.
   화요일에는 북한산에 갈 겁니다.
   수요일에는 미장원에 갈 겁니다.
   목요일에는 영화관에 갈 겁니다.
   금요일에는 도서관에 갈 겁니다.
   토요일에는 백화점에 갈 겁니다.
   일요일에는 종로에 갈 겁니다.
7. (1) 회의합니다.   (2) 7시에 일어났습니다.
   (3) 아침 운동을 했습니다.   (4) 일을 할 겁니다.

(5) 오후 7시에 만날 겁니다.
8. ㄱ: 몇 시에 저녁을 먹습니까?
   ㄴ: 6시에 저녁을 먹습니다.
   ㄱ: 몇 시에 잡니까?
   ㄴ: 11시에 잡니다.
   ㄱ: 몇 시부터 몇 시까지 한국어 공부를 합니까?
   ㄴ: 아침 9시부터 12시까지 합니다.
   ㄱ: 오후 2시에 무엇을 했습니까?
   ㄴ: 물건을 샀습니다.
   ㄱ: 2시부터 몇 시까지 샀습니까?
   ㄴ: 5시까지 샀습니다.
   ㄱ: 언제 텔레비전을 봤습니까?
   ㄴ: 저녁 8시부터 10시까지 봤습니다.
   ㄱ: 10시 반에 무엇을 했습니까?
   ㄴ: 샤워를 했습니다.
9. (1) 늦잠을 잤습니다. (2) 버스가 오지 않았습니다.
   (3) 종로에서 일합니다. (4) 일요일이었습니다.
10. 저는 6시에 일어납니다. 먼저 6시부터 7시까지 아침 운동을 합니다. 그리고 밥을 먹습니다. 8시에 학교에 갑니다. 12시에 점심을 먹습니다. 5시에 기숙사에 돌아옵니다. 저녁에는 숙제를 합니다. 그리고 텔레비전도 봅니다. 11시에 잡니다.
11. (1) 그는 6시에 일어납니다. 그리고 11시에 잡니다.
    (2) 문수 씨는 작년 7월 5일에 졸업했습니다.
    (3) 저는 저녁 8시부터 10시까지 한국어를 공부합니다.
    (4) 이 선물은 왕룡 씨에게 줄 겁니다.
    (5) 저는 올해 겨울에 여행을 갈 것입니다.
    (6) 저는 오늘 좀 바쁩니다. 내일 경영학 시험이 있습니다.
    (7) 저는 보통 주말에 친구를 만납니다.
    (8) 이번 시험이 어려웠습니까?
    (9) 저는 어제 선생님에게 편지 한 통을 썼습니다.
    (10) 그는 오후 5시에 퇴근을 합니다. 그리고 운동을 합니다.

第18课

1.

기본형	-아/어요	-았/었어요	-(으)ㄹ 거예요
사다	사요	샀어요	살 거예요
태어나다	태어나요	태어났어요	태어날 거예요
있다	있어요	있었어요	있을 거예요
만나다	만나요	만났어요	만날 거예요

(续)

기본형	-아/어요	-았/었어요	-(으)ㄹ 거예요
먹다	먹어요	먹었어요	먹을 거예요
청소하다	청소해요	청소했어요	청소할 거예요
말하다	말해요	말했어요	말할 거예요
주다	주어요	주었어요	줄 거예요
읽다	읽어요	읽었어요	읽을 거예요
일어나다	일어나요	일어났어요	일어날 거예요

2. (1) 슈퍼마켓이 있어요.   (2) 5층에 있어요.
   (3) 4층에 있어요.   (4) 1층에 있어요.
   (5) 3층에 있어요.   (6) 주차장이 있어요.
   (7) 6층에 있어요.

3. (答案略)

4. (1) 선영 씨의 구두예요.   (2) 네, 왕단 씨의 가방이에요.
   (3) 아니요, 이세민 씨의 책이에요.   (4) 민호 씨의 지갑이에요.
   (5) 왕룡 씨의 시계예요.   (6) 아니요, 홍단 씨의 우산이에요.

5. (1) 어머니만 맥주를 안 마셔요.   (2) 어머니도 맥주를 마셔요.
   (3) 아버지만 은행에 가요.   (4) 아버지도 은행에 가요.
   (5) 지영이만 도서관에 가요.   (6) 지영이도 도서관에 가요.

6. (1) 여기가 우리 집이에요. 1층에 거실과 부엌과 화장실이 있어요. 2층에 침실과 목욕탕이 있어요. 제 방은 2층에 있어요. 제 방에는 침대와 책상, 그리고 책장이 있어요. 책장에는 책이 많이 있어요. 책상 위에는 전화기와 꽃이 있어요. 침대 위에는 시계가 있어요.
   (2) 거실과 부엌과 화장실이 있어요.
   (3) 침실과 목욕탕이 있어요.
   (4) 제 방은 2층에 있어요.
   (5) 제 방에는 침대와 책상, 그리고 책장이 있어요. 책장에는 책이 많이 있어요. 책상 위에는 전화기와 꽃이 있어요.
   (6) 시계는 침대 위에 있어요.

7. 제 방에는 침대, 책상, 책장, 텔레비전이 있어요. 책상에는 컴퓨터 한 대와 가족 사진이 있어요. 책장에 책이 많이 있어요. 텔레비전 위에 꽃이 있어요.

8. (1) 실례합니다. 공중전화는 어디에 있어요?
   (2) 침대 위에 고양이 한 마리가 있습니다.
   (3) 제 지갑은 어디에 있어요?
   (4) 언니는 시계가 하나 있어요. 저도 하나 있어요.
   (5) 문수 씨와 지영 씨 모두 한국어를 전공합니다. 왕단 씨만 경영학을 전공합니다.
   (6) 우체국이 학교 뒤에 있습니다.
   (7) 저는 인민은행 옆에 있습니다.
   (8) 실례합니다. 북경대학이 어디에 있습니까?
       중관춘(中关村)에 있습니다.

(9) 화장실이 3층 엘리베이터 오른쪽에 있습니다.
(10) 저는 영화를 아주 좋아합니다. 형도 영화를 좋아합니다.

第19课

1. (1) 저는 병원에 가고 싶지 않아요.
    영화관에 가고 싶어요.
   (2) 저는 신문을 읽고 싶지 않아요.
    소설책을 읽고 싶어요.
   (3) 저는 버스를 타고 싶지 않아요.
    택시를 타고 싶어요.
   (4) 저는 숙제를 하고 싶지 않아요.
    수영을 하고 싶어요.
   (5) 저는 주스를 마시고 싶지 않아요.
    맥주를 마시고 싶어요.
   (6) 저는 치마를 입고 싶지 않아요.
    바지를 입고 싶어요.
2. (1) 집에 돌아가세요.　　　　　(2) 집에서 쉬세요.
   (3) 경찰서에 신고하세요.　　　(4) 내일 만나요.
   (5) 열심히 공부하세요.　　　　(6) 노래를 부르세요.
3. (1) 종업원: 어서 오세요. 뭘 마시겠어요?
    손님 1: 뭘 마실래요?
    손님 2: 저는 커피 마실래요. 뭘 마실래요?
    손님 1: 저는 주스 마실래요. 아가씨, 커피하고 주스 주세요.
   (2) 종업원: 어서 오세요. 뭘 사시겠어요?
    손님 1: 뭘 살래요?
    손님 2: 저는 장갑을 살래요. 뭘 살래요?
    손님 1: 저는 인형을 살래요. 아가씨, 장갑하고 인형 주세요.
   (3) 종업원: 어서 오세요. 무슨 책을 사시겠어요?
    손님 1: 무슨 책을 살래요?
    손님 2: 저는 소설책을 살래요. 무슨 책을 살래요?
    손님 1: 저는 시집을 살래요. 아가씨, 소설책하고 시집 주세요.
   (4) 종업원: 어서 오세요. 뭘 드시겠어요?
    손님 1: 뭘 먹을래요?
    손님 2: 저는 스파게티를 먹을래요. 뭘 먹을래요?
    손님 1: 저도 스파게티를 먹을래요. 아가씨, 스파게티 두 개 주세요.
   (5) 종업원: 어서 오세요. 무슨 옷을 찾으세요?
    손님 1: 무슨 옷을 살래요?
    손님 2: 저는 청바지를 살래요. 무슨 옷을 살래요?
    손님 1: 저는 하얀색 치마를 살래요. 아가씨, 청바지하고 하얀색 치마 주세요.
4. 종업원: 어서 오세요. 뭘 드시겠어요?
   손님 1: 이 식당에는 무슨 음식이 맛이 있어요?

종업원: 다 맛있어요. 특히 등심 구이가 맛있어요.
손님 2: 등심 구이는 얼마예요?
종업원: 1인분에 12,000원입니다.
손님 1: 너무 비싸요.
손님 2: 우리 갈비탕 먹을래요?
손님 1: 저는 갈비탕 먹고 싶지 않아요. 설렁탕이 먹고 싶어요.
손님 2: 그러면 갈비탕 한 그릇하고 설렁탕 한 그릇 주세요.
종업원: 뭘 마시겠어요?
손님 1: 저는 맥주 한 병 마실래요. 뭘 마실래요?
손님 2: 저는 소주를 한 병 마시겠어요.
손님 1: 맥주 한 병하고 소주 한 병 주세요.
종업원: 네, 알겠습니다.

5. (1) 인형을 받고 싶어요. (2) 고전 음악을 좋아해요.
   (3) 비빔밥을 잘 만들어요. (4) 의사가 되고 싶어요.
   (5) 월요일을 좋아해요. (6) 치마를 입었어요.

6. (1) 서점에 가서 책을 많이 사겠어요. (2) 밤을 새워서 공부를 하겠습니다.
   (3) 다른 사람을 좋아하겠어요. (4) 가족과 함께 있겠어요.
   (5) 영어로 말하겠어요. (6) 경찰서에 신고하겠어요.

7. (1) 지난달에 왔습니다. (2) '불고기'라는 단어만 알고 있었습니다.
   (3) 불고기가 너무 비쌌습니다. (4) 문수 씨는 다른 음식을 먹고 싶었습니다.
   (5) 매일 다른 음식을 주문할 수 있습니다.

8. 어제 저는 친구와 함께 한국 식당에 갔어요. 우리는 불고기 2인분과 소주 한 병을 주문했어요. 불고기는 아주 맛있었어요. 다음에 또 가고 싶어요.

9. (1) 뭘 드시겠어요?
      냉면 한 그릇과 맥주 한 병 주세요.
   (2) 모두 얼마입니까?
      5,000원입니다.
   (3) 일요일에 시간 있어요? 저는 수영을 하고 싶어요.
      시간이 있으면 우리 함께 가요.
   (4) 무슨 책을 보고 싶어요?
      소설책을 보고 싶어요.
   (5) 저는 조금 피곤해요.
      그러면 오늘 일찍 자요.
   (6) 뭘 마시겠어요?
      콜라 한 잔 주세요.
   (7) 우리 불고기 먹을래요?
      아니요, 저는 비빔밥을 먹을래요.
   (8) 어느 계절을 좋아해요?
      저는 가을을 좋아해요.
   (9) 햄버거 3인분하고 음료수 두 잔 주세요.
   (10) 천천히 드십시오.
      감사합니다.

第20课

1. (1) 는, 는　(2) 은, 가　(3) 이　(4) 이, 은　(5) 가　(6) 이, 이　(7) 이, 은
   (8) 가, 가　(9) 는　(10) 는, 는
2. (1) ㄱ: 어디에 가요?
      ㄴ: 다방에 가요.
      ㄱ: 뭐 하러 가요?
      ㄴ: 차를 마시러 가요.
   (2) ㄱ: 어디에 가요?
      ㄴ: 서점에 가요.
      ㄱ: 뭐 하러 가요?
      ㄴ: 책을 사러 가요.
   (3) ㄱ: 어디에 가요?
      ㄴ: 미장원에 가요.
      ㄱ: 뭐 하러 가요?
      ㄴ: 머리를 자르러 가요.
   (4) ㄱ: 어디에 가요?
      ㄴ: 은행에 가요.
      ㄱ: 뭐 하러 가요?
      ㄴ: 돈 찾으러 가요.
   (5) ㄱ: 어디에 가요?
      ㄴ: 도서관에 가요.
      ㄱ: 뭐 하러 가요?
      ㄴ: 공부를 하러 가요.
   (6) ㄱ: 어디에 가요?
      ㄴ: 공원에 가요.
      ㄱ: 뭐 하러 가요?
      ㄴ: 산책을 하러 가요.
   (7) ㄱ: 어디에 가요?
      ㄴ: 우체국에 가요.
      ㄱ: 뭐 하러 가요?
      ㄴ: 편지를 부치러 가요.
   (8) ㄱ: 어디에 가요?
      ㄴ: 대사관에 가요.
      ㄱ: 뭐 하러 가요?
      ㄴ: 여권을 찾으러 가요.
3. (1) 아주 매워요.　　　　　(2) 아주 가까워요.
   (3) 아주 추워요.　　　　　(4) 아주 아름다워요.
   (5) 안 어려워요. 아주 쉬워요.　(6) 아주 뜨거워요.
4. (1) ㄱ: 친구의 생일이에요. 옷을 선물하고 싶어요.
      ㄴ: 청바지하고 치마하고 스웨터가 있어요. 어떤 옷을 사고 싶어요?
      ㄱ: 치마를 주세요.

(2) ㄱ: 여행을 가고 싶어요.
　　ㄴ: 설악산하고 제주도하고 경주가 아주 좋아요.
　　　　어느 곳으로 가고 싶어요?
　　ㄱ: 설악산으로 갈래요.
(3) ㄱ: 내일이 동생 생일이에요. 장난감을 사고 싶어요.
　　ㄴ: 비행기하고 인형하고 로보트가 있습니다. 어느 장난감을 사고 싶어요?
　　ㄱ: 인형을 주세요.
(4) ㄱ: 한국 음식을 먹고 싶어요.
　　ㄴ: 냉면하고 설렁탕하고 불고기가 있어요. 어느 음식을 먹고 싶어요?
　　ㄱ: 불고기를 주세요.

5. (1) 아주 따뜻합니다. 꽃구경을 합니다.
　(2) 아주 덥습니다. 바다에 수영하러 갑니다.
　(3) 아주 시원합니다. 여행을 많이 합니다.
　(4) 아주 춥습니다. 스키를 타러 갑니다.

6. (1) 봄, 여름, 가을, 겨울 네 계절이 있습니다.　　(2) 아주 따뜻합니다.
　(3) 아주 덥습니다.　　(4) 삼계탕과 수박을 많이 먹습니다.
　(5) 가을에 여행을 많이 합니다.　　(6) 단풍이 유명합니다.
　(7) 아주 춥습니다.

7. 북경에는 봄, 여름, 가을, 겨울 네 계절이 있습니다. 이 네 계절의 날씨는 모두 다릅니다. 북경의 봄은 아주 따뜻합니다. 바람이 많이 붑니다. 여름은 아주 건조하고 덥습니다. 가을은 참 시원합니다. 사람들이 여행을 많이 갑니다. 겨울은 아주 춥습니다.

8. (1) 머리가 아파요? 좀 쉬세요.
　(2) 누가 그 교실에 있어요?
　(3) 여기는 설악산이에요. 설악산의 경치는 아주 아름다워요.
　(4) 왕단 씨는 어느 학교 학생이에요?
　(5) 저는 어제 도서관에 공부하러 갔어요.
　(6) 북경의 여름은 아주 덥습니다. 겨울은 아주 춥습니다.
　(7) 눈이 왔어요. 우리 밖에 눈싸움하러 갑시다.
　(8) 산에는 진달래꽃이 피었습니다.
　(9) 고향이 어디입니까?
　(10) 일본의 벚꽃이 아주 아름답습니다.

第21课

1. 이세민 씨는 <u>수업이 끝난 후에</u> 도서관에서 공부를 했습니다. 그 후에 서점에서 소설책을 한 권 샀습니다. 그리고 기숙사에 왔습니다. <u>저녁을 먹기 전에</u> 방을 청소했습니다. 그리고 <u>저녁을 먹은 후에</u> 친구에게 편지를 썼습니다. 그리고 <u>자기 전에</u> 책을 읽었습니다.

2. (1) 커피를 마시고 책을 읽고 싶습니다.
　(2) 영화를 보고 책을 읽었습니다.
　(3) 밥을 먹고 텔레비전을 봅니다.
　(4) 여행을 하고 한국어를 배울 겁니다.
　(5) 김미주와 제일 친합니다. 그 친구는 예쁘고 착합니다.

(6) 아름답고 좋습니다.

3.

	이세민 씨와 약속	김미정 씨와 약속	전재민 씨와 약속	김철수 씨와 약속
할일	영화를 보다	쇼핑하다	연극을 보다	커피를 마시다
약속 시간	오후 1시	오후 2시	오후 7시	오후 3시
약속 장소	서울극장 앞	롯데백화점 앞	서울극장 앞	서울다방 앞

(1) ㄱ: 이세민 씨, 우리 일요일에 같이 영화 볼까요?
　　ㄴ: 네, 좋아요.
　　ㄱ: 몇 시에 만날까요?
　　ㄴ: 오후 1시에 만납시다.
　　ㄱ: 어디에서 만날까요?
　　ㄴ: 서울극장 앞에서 만납시다.

(2) ㄱ: 김미정 씨, 우리 일요일에 같이 쇼핑할까요?
　　ㄴ: 네, 좋아요.
　　ㄱ: 몇 시에 만날까요?
　　ㄴ: 오후 2시에 만납시다.
　　ㄱ: 어디에서 만날까요?
　　ㄴ: 롯데백화점 앞에서 만납시다.

(3) ㄱ: 전재민 씨 우리 일요일에 같이 연극 볼까요?
　　ㄴ: 네, 좋아요.
　　ㄱ: 오후 7시에 서울극장 앞에서 만날까요?
　　ㄴ: 그래요.

(4) ㄱ: 김철수 씨 우리 일요일에 같이 커피 마실까요?
　　ㄴ: 네, 좋아요.
　　ㄱ: 오후 3시에 서울다방 앞에서 만날까요?
　　ㄴ: 그래요.

4. (1) 그렇지만　　(2) 그래서　　(3) 그렇다면
　　(4) 그래서　　(5) 그래서　　(6) 그리고

5. (1) 기분이 좋지 않습니다.　　(2) 비를 많이 맞았습니다.
　　(3) 사람들이 리칭 씨를 좋아합니다.　　(4) 요즘 운동을 합니다.
　　(5) 저녁에 영화를 한 편 봤습니다.　　(6) 매일 열심히 공부합니다.

6. (1) 샤워를 한 후에 아침 식사를 합니다.
　　(2) 신문을 본 후에 아침 식사를 합니다.
　　(3) 하루에 세 번, 식사 후에 닦습니다.
　　(4) 자주 마십니다. 식사 후에 마십니다.
　　(5) 아침 식사 후에 신문을 봅니다.
　　(6) 취직을 하기 전에 한국을 여행하고 싶습니다.

7. (1) 북경에서 대학교에 다녔습니다.
　　(2) 학교 근처에서 하숙을 합니다.
　　(3) 대학교 기숙사에 살았습니다.

(4) 한국말과 한국 문화를 빨리 배우고 싶었습니다.
8. 저는 한국 사람입니다. 지금 북경에서 중국어를 공부합니다. 중국에 오기 전에는 서울에서 고등학교에 다녔습니다. 그곳에서 중국말을 처음 배웠습니다. 저는 지금 학교 기숙사에서 삽니다. 기숙사에서 많은 외국 친구들을 사귀었습니다. 영어도 배웠습니다. 그래서 저는 지금 중국어와 영어를 모두 잘합니다.
9. (1) 당신은 대학을 졸업한 후에 무엇을 하고 싶습니까?
   (2) 시험을 보기 전에 준비를 잘 하세요.
   (3) 저는 저녁 식사 후에 텔레비전을 보았습니다.
   (4) 저는 요즘 매우 바쁩니다. 그래서 당신에게 전화를 하지 못했습니다.
   (5) 도착한 후에 전화하겠습니다.
   (6) 북경에 얼마나 있을 거예요? —2년 있을 거예요.
   (7) 보통 퇴근 후에 무엇을 하십니까? —친구들과 같이 운동하러 갑니다.
   (8) 이번 주말에 같이 수영하러 갈까요?
   (9) 식기 전에 드십시오.
   (10) 요즘 운동을 안 했습니다. 그래서 살이 쪘습니다.

第22课

1. (1) 오십니다. 오셨습니다. 오세요. 오셨어요.
   (2) 보십니다. 보셨습니다. 보세요. 보셨어요.
   (3) 앉으십니다. 앉으셨습니다. 앉으세요. 앉으셨어요.
   (4) 입으십니다. 입으셨습니다. 입으세요. 입으셨어요.
   (5) 웃으십니다. 웃으셨습니다. 웃으세요. 웃으셨어요.
   (6) 쓰십니다. 쓰셨습니다. 쓰세요. 쓰셨어요.
   (7) 보내십니다. 보내셨습니다. 보내세요. 보내셨어요.
   (8) 가르치십니다. 가르치셨습니다. 가르치세요. 가르치셨어요.
   (9) 전화하십니다. 전화하셨습니다. 전화하세요. 전화하셨어요.
   (10) 읽으십니다. 읽으셨습니다. 읽으세요. 읽으셨어요.
2. (1) 어머니께서 신문을 보십니다.
   (2) 아버지께서 주무십니다.
   (3) 할머니께서 기분이 좋으십니다.
   (4) 홍단 씨께서는 중국 분이십니다.
   (5) 선생님께서 집에 가셨습니다.
   (6) 할머니께서 집에 계십니다.
   (7) 연세가 어떻게 되십니까?
   (8) 생신이 언제십니까?
   (9) 성함이 어떻게 되세요?
   (10) 사장님, 일요일에 뭐 하실 거예요?
   (11) 할아버지, 저에게 무슨 말씀을 하셨어요?
   (12) 왕단 씨 부모님께서는 무엇을 하십니까?
   (13) 어느 분이 김 선생님이십니까?
   (14) 선생님께서 아직 안 오셨습니다.

(15) 우리 사장님의 부인께서는 은행에서 일하십니다.
(16) 할아버지, 안녕히 계세요.
(17) 왕룽 씨, 많이 드세요.
(18) 아저씨, 어제 몇 시간 주무셨어요?
3. (1) 언니가 할머니께 차를 갖다 드렸습니다.
(2) 저는 어머니께 꽃을 드렸습니다.
(3) 어머니께서 동생에게 말씀하셨습니다.
(4) 형이 할아버지께 말했습니다.
(5) 아버지가 할머니께 용돈을 드렸습니다.
(6) 할아버지께서 저에게 용돈을 주셨습니다.
4. 우리 가족은 할아버지, 아버지, 어머니, 누나, 동생, 그리고 저 모두 여섯 명입니다. (1) 할아버지께서는 연세가 많으십니다. 그렇지만 아주 (2) 건강하십니다. (3) 할머니께서는 작년에 돌아 가셨습니다. (4) 아버지와 어머니께서는 회사에서 일하십니다. 누나와 저는 대학교에 다니고, 동생은 고등학교에 다닙니다. 오늘은 일요일입니다. 그래서 가족들이 모두 집에 있습니다. (5) 할아버지께서는 방에서 주무십니다. (6) 아버지께서는 거실에서 신문을 보시고, 어머니께서는 아버지 옆에서 과일을 깎으십니다. 동생은 텔레비전을 봅니다. (7) 누나는 아버지께 차를 가져다 드리고, 동생에게는 우유를 가져다 줍니다. 저는 친구에게 편지를 씁니다.
5. (1) 모두 5명입니다.
(2) 부모님께서는 회사에 다니십니다.
(3) 네, 함께 삽니다.
(4) 2명입니다. 누나는 회사에 다니고 동생은 고등학생입니다.
(5) 모두 서울에 살고 있습니다.
6. (1) 남자입니다.
(2) 아버지께서는 회사에 다니시고 어머니께서는 집에 계십니다.
(3) 형은 은행에 다닙니다.
(4) 동생은 고등학교에 다닙니다.
7. 우리 가족은 아버지, 어머니, 오빠 그리고 저 모두 네 명입니다. 아버지께서는 회사원이십니다. 어머니께서는 의사이십니다. 두 분 모두 열심히 일하십니다. 오빠는 대학생입니다. 지금 대학교 4학년이고 전공은 생물학입니다. 저도 대학생입니다. 지금 대학교 1학년이고 전공은 한국어입니다.
8. (1) 할아버지께서 일어나셨습니까?
(2) 할머니, 어제 밤에 안녕히 주무셨어요?
(3) 저는 책을 아버지께 드렸습니다.
(4) 선생님께서 저희들에게 강의를 하십니다.
(5) 사장님, 어제 사장님의 부인을 만났습니다.
(6) 저는 오빠와(형과) 여동생이 있습니다. 오빠는(형은) 고등학교에 다니고, 여동생은 초등학교에 다닙니다.
(7) 성함이 어떻게 되십니까?
(8) 할머니께서는 작년에 돌아가셨습니다.
(9) 왕 선생님께서는 언제부터 수영을 배우셨습니까?
(10) 지금 무슨 일을 하십니까? —우체국에 다닙니다.

第23课

1. (1) 비를 맞아서 감기에 걸렸습니다.
   (2) 오늘 아침에 밥을 급하게 먹어서 배가 아픕니다.
   (3) 길이 많이 막혀서 약속 시간에 1시간 늦었습니다.
   (4) 이번 시험에 1등을 해서 기분이 무척 좋습니다.
   (5) 어제 저녁에 축구를 해서 피곤합니다.
   (6) 제가 약속 시간에 늦어서 어머니께서 화가 나셨습니다.
2. (1) 약을 먹어야 합니다.　　　　　　(2) 수면제를 먹어야 합니다.
   (3) 경찰에 신고해야 합니다.　　　　(4) 집에 가야 됩니다.
   (5) 그 버스를 찾아야 됩니다.　　　 (6) 친구에게 전화를 해야 됩니다.
3. (1) 공부를 열심히 하십시오.
   (2) 시간 낭비를 하지 말고 열심히 사십시오.
   (3) 이성 친구를 사귀십시오.
   (4) 수업에 결석하지 마십시오.
   (5) 지각을 하지 마십시오.
   (6) 술을 많이 마시지 말고 적당히 마십시오.
4. (1) 슬퍼서　　　　　　(2) 나빴습니다　　　　　　(3) 바빠서
   (4) 썼습니다　　　　　(5) 기뻤습니다　　　　　　(6) 아파서
5. (1) 약사: 어서 오십시오. 어디가 편찮으십니까?
     환자: 감기에 걸려서 머리가 아프고 열이 있습니다.
     약사: 기침은 하십니까?
     환자: 아니요.
     약사: 알겠습니다. 이 약을 드시고 푹 주무십시오.
   (2) 약사: 어서 오십시오. 어디가 편찮으십니까?
     환자: 밥을 급하게 먹어서 배가 많이 아픕니다.
     약사: 언제부터 아팠습니까?
     환자: 오늘 아침 식사한 후부터 아팠습니다.
     약사: 알겠습니다. 이 약을 드십시오.
   (3) 친구 1: 어디 아파요?
     친구 2: 네. 어제 이사를 해서 무척 피곤하고 어깨와 허리가 많이 아파요.
     친구 1: 집에 돌아가서 푹 쉬세요.
   (4) 선생님: 어제 왜 안 왔어요?
     학생: 몸이 아파서 학교에 못 왔습니다.
6. (1) 감기에 걸려서 학교에 못 갑니다. 그래서 전화를 했습니다.
   (2) 머리와 목이 아프고 열이 있었습니다. 그리고 기침도 하고 콧물도 났습니다.
   (3) 약을 사러 약국에 갔습니다.
   (4) "약을 드시고 푹 쉬셔야 합니다"라고 말했습니다.
7. 저는 며칠 전에 춥게 자서 감기에 걸렸습니다. 아침부터 목이 아프고 열이 났습니다. 머리도 아팠습니다. 그래서 약을 사러 약국에 갔습니다. 약사는 저에게 감기약을 주었습니다. 그리고 푹 쉬라고 했습니다. 저는 집에 가서 약을 먹고 온종일 잤습니다.
8. (1) 길이 막혀서 늦게 왔습니다.

(2) 수요일에 시험이 있어서 공부를 해야 합니다.
(3) 술을 마신 후에 운전을 하지 마십시오.
(4) 오늘은 일요일입니다. 그래서 거리에 사람이 아주 많습니다.
(5) 우리 모두 가지 맙시다.
(6) 어디가 편찮으십니까? —목이 많이 아프고, 자주 기침을 합니다.
(7) 약을 드신 후에 푹 쉬십시오.
(8) 매일 일찍 주무십시오. 너무 무리하지 마십시오.
(9) 어떻게 오셨습니까? —약을 사려고 합니다.
(10) 어제 술을 많이 마셨습니다. 여러 번 토했습니다. 머리가 많이 아픕니다.

第24课

1.
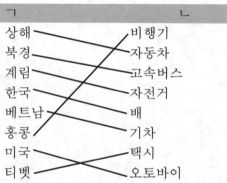
(1) 저는 자동차를 타고 상해에 가고 싶습니다.
(2) 저는 고속버스를 타고 북경에 가고 싶습니다.
(3) 저는 자전거를 타고 계림에 가고 싶습니다.
(4) 저는 배를 타고 한국에 가고 싶습니다.
(5) 저는 기차를 타고 베트남에 가고 싶습니다.
(6) 저는 오토바이를 타고 미국에 가고 싶습니다.
(7) 저는 택시를 타고 티벳에 가고 싶습니다.

2. (1) 를, 를 (2) 를 (3) 를, 를 (4) 로 (5) 를, 로 (6) 를, 로

3. (1) 에서, 까지 (2) 부터, 까지 (3) 에서, 까지
   (4) 에 (5) 부터, 까지, 에 (6) 에서, 까지, 에서, 에서, 까지

4. (1) ㄱ: 북경에서 상해까지 기차로 얼마나 걸립니까?
      ㄴ: 12시간쯤 걸립니다.
   (2) ㄱ: 북경에서 서울까지 비행기로 얼마나 걸립니까?
      ㄴ: 2시간쯤 걸립니다.
   (3) ㄱ: 서울에서 부산까지 고속버스로 얼마나 걸립니까?
      ㄴ: 5시간쯤 걸립니다.
   (4) ㄱ: 집에서 학교까지 자전거로 얼마나 걸립니까?
      ㄴ: 15분쯤 걸립니다.
   (5) ㄱ: 서울에서 인천까지 자동차로 얼마나 걸립니까?

ㄴ: 1시간쯤 걸립니다.
    (6) ㄱ: 부산에서 제주도까지 배로 얼마나 걸립니까?
        ㄴ: 6시간쯤 걸립니다.
5. (1) 을지4가역
        ㄱ: 을지4가역에 어떻게 갑니까?
        ㄴ: 종로3가까지 1호선을 타고 가십시오.
           거기에서 5호선으로 갈아타십시오.
    (2) 경복궁역
        ㄱ: 경복궁역에 어떻게 갑니까?
        ㄴ: 종로3가까지 1호선을 타고 가십시오.
           거기에서 3호선으로 갈아타십시오.
    (3) 미아역
        ㄱ: 미아역에 어떻게 갑니까?
        ㄴ: 동대문까지 1호선을 타고 가십시오.
           거기에서 4호선으로 갈아타십시오.
    (4) 신촌역
        ㄱ: 신촌역에 어떻게 갑니까?
        ㄴ: 시청까지 1호선을 타고 가십시오.
           거기에서 2호선으로 갈아타십시오.
    (5) 압구정역
        ㄱ: 압구정역에 어떻게 갑니까?
        ㄴ: 종로3가까지 1호선을 타고 가십시오.
           거기에서 3호선으로 갈아타십시오.
    (6) 잠실역
        ㄱ: 잠실역에 어떻게 갑니까?
        ㄴ: 신설동까지 1호선을 타고 가십시오.
           거기에서 2호선으로 갈아타십시오.
6. (1) ㄱ: 문수 씨, 학교에 어떻게 와요?
        ㄴ: 35번 버스를 타고 와요.
    (2) ㄱ: 문수 씨, 집에서 학교까지 얼마나 걸립니까?
        ㄴ: 30분쯤 걸려요.
    (3) ㄱ: 동대문 운동장에 가고 싶어요. 어떻게 가야 하죠?
        ㄴ: 학교 앞에서 36번 버스를 타고 종로3가까지 가세요.
           거기에서 지하철로 갈아타세요.
    (4) ㄱ: 지난주에 기차를 타고 상해에 여행 갔습니다.
        ㄴ: 여기에서 상해까지 얼마나 걸립니까?
        ㄱ: 10시간쯤 걸립니다.
        ㄴ: 재미있었습니까?
        ㄱ: 네, 아주 재미있었습니다.
7. (1) 저는 지난 주말에 친구 이세민 씨와 같이 민속촌에 갔습니다.
    (2) 버스와 지하철을 타고 갔습니다.

(3) 지하철 1호선을 타고 갔습니다.
(4) 아니요, 수원역 앞에서 다시 버스로 갈아타고 갔습니다.
(5) 아니요.
(6) 3시간 반 걸렸습니다.
8. 지난 주말에 저는 이화원에 갔다왔습니다. 이화원은 우리 학교와 아주 가깝습니다. 저는 학교 앞에서 311번 버스를 타고 갔습니다. 학교에서 이화원까지 15분쯤 걸렸습니다.
9. (1) 저는 북경 도서관에 가고 싶습니다. 어떻게 가야 합니까?
(2) 저는 내일 기차를 타고 상해에 갑니다.
(3) 저는 북경역에 가고 싶습니다. 어디서 차를 갈아타야 합니까?
(4) 그는 한국에서 오신 선생님이십니다.
(5) 기숙사에서 식당까지 걸어서 얼마나 걸립니까?
(6) 한국에 어떻게 갈 겁니까?
(7) 먼저 학교 앞에서 버스를 탑니다. 그리고 시청에서 지하철로 갈아 타십시오.
(8) 집에서 학교까지 몇 정류장 가야 돼요?
(9) 서울에서 미국까지 비행기로 바로 갑니까?
—아니요, 도쿄에서 갈아탑니다.
(10) 북경대학에서 공원까지 지하철로 20분쯤 걸립니다.

第25课

1. (1) 오삼팔의 사팔칠공   (2) 이공일의 일공공오
   (3) 삼육칠의 공사구일   (4) 육육구 국의 팔공이공 번
   (5) 칠공공 국의 팔사이오 번 (6) 팔일삼 국의 칠일공공 번
2. (1) 날씨가 아주 춥지요?
   (2) 중국과 한국은 가깝지요?
   (3) 이것은 홍단 씨의 우산이지요?
   (4) 진문수 씨는 중국 사람이지요?
   (5) 지금 김 선생님은 집에 안 계시지요?
   (6) 어제 김지영 씨가 우리 집에 전화했지요?
   (7) 김영호 씨 할아버지는 공무원이셨지요?
   (8) 홍단 씨는 왕단 씨에게 자주 전화를 하지요?
3. (1) 우산 좀 빌려 주세요.   (2) 전화번호를 좀 알려 주세요.
   (3) 사전을 좀 빌려 주세요.   (4) 동전을 좀 빌려 주세요.
4. (1) 어제 어머니께서 몸이 많이 편찮으셨습니다. 저는 약국에 가서 어머니께 약을 사다 드렸습니다.
   (2) 지난주에 친구가 이사를 했습니다. 저는 친구의 새 집에서 짐을 정리해 주었습니다.
   (3) 어제 우리 집에서 친구가 숙제를 했습니다. 저는 친구를 도와 주었습니다.
5. (1) 아니요, 저희 아버지는 공무원이신데요.
   (2) 네, 맞습니다. 제가 왕단입니다. 누구신데요?
   (3) 아니요, 안 좋아합니다. 저는 배를 잘 먹는데요.
   (4) 미안합니다. 오늘 안 가지고 왔는데요.
   (5) 아니요, 바쁜데요. 왜요?

(6) 통화 중인데요. 잠깐만 기다리세요.
6. (1) 안 낫습니다.　　　　　　(2) 또 잠이 옵니다.
   (3) 친구가 못 받았습니다.　　 (4) 직장을 못 찾았습니다.
   (5) 남자친구가 없습니다.　　　(6) 오늘은 일요일이었습니다.
7. (1) 아니요.
   (2) 여자친구가 전화를 받지 않았습니다.
   (3) 전화를 하고 있었습니다.
   (4) 네 번 전화를 했습니다.
8. (1) ㄱ: 여보세요? 음식점이죠?
       ㄴ: 네, 그렇습니다.
       ㄱ: 김치찌개 한 그릇 배달해 주세요.
       ㄴ: 네.
   (2) ㄱ: 여보세요? 이세민 씨 집이지요?
       ㄴ: 네, 그런데요.
       ㄱ: 저는 이세민 씨의 친구 문지숙입니다. 이세민 씨 집에 있어요?
       ㄴ: 저예요.
       ㄱ: 세민 씨, 우리 영화보러 갈래요?
       ㄴ: 무슨 영화요?
       ㄱ: '히말라야'요.
       ㄴ: 좋아요. 10분 후에 학교 앞에서 봐요.
   (3) ㄱ: 여보세요? 이세민 씨 집이지요?
       ㄴ: 네, 누구세요?
       ㄱ: 저는 이세민 씨의 친구 문지숙입니다.
       ㄴ: 지숙이구나. 나는 이세민 엄마야.
       ㄱ: 안녕하세요?
       ㄴ: 그래. 세민이 지금 집에 없어.
       ㄱ: 네, 알겠습니다. 저녁에 다시 전화하겠습니다.
   (4) ㄱ: 여보세요? 이세민 씨 집이지요?
       ㄴ: 네, 제가 이세민인데요.
       ㄱ: 저 문지숙이에요.
       ㄴ: 무슨 일이에요?
       ㄱ: 다음주에 시험이 있어요. 공책 좀 빌려 줄래요?
       ㄴ: 그래요.
9. 공중전화에서 먼저 수화기를 듭니다. 그리고 동전을 넣은 후 버튼을 누릅니다. 통화가 끝나고 전화를 끊습니다.
10. (1) 왕룽 씨 좀 부탁 드립니다.
       —잠깐만 기다리십시오.
    (2) 저의 전화번호는 육오일의 일사이삼입니다.
    (3) 문수 씨는 아주 총명하지요?
       —네, 아주 총명해요.
    (4) 이 가방은 아주 무겁습니다.
       —걱정하지 마십시오. 제가 도와 드리겠습니다.

(5) 그래도 영화를 보러 갈래요.
(6) 왕단 씨 댁이지요?
　　—실례지만, 잘못 걸었습니다.
(7) 장 선생님 댁에 계세요?
　　—오후 5시 후에 들어오실 거예요.
(8) 이 근처에 공중전화가 있습니까?
　　—우체국 안에 있는데요.
(9) 여보세요. 현대그룹입니다. 무엇을 도와 드릴까요?
(10) 이 총장님께서는 아침에 외출하셨는데요.

第26课

1. (1) 예쁜　　(2) 추운, 두꺼운　　(3) 작은, 많은　　(4) 맛있는　　(5) 읽는　　(6) 웃는
2. (1) 무슨　　(2) 어떤　　(3) 어느　　(4) 무슨　　(5) 무슨　　(6) 어떤
3. (1) 착한 사람을 좋아합니다.　　　　　(2) 시원한 날씨를 좋아합니다.
　 (3) 편한 옷을 좋아합니다.　　　　　　(4) 피아노를 치는 취미가 있습니다.
　 (5) 식사 전에 물을 마시는 버릇이 있습니다. (6) 슬픈 영화를 좋아합니다.
4. (1) 저는 산보다 바다가 좋습니다.　　　(2) 도시 공기보다 시골 공기가 맑습니다.
　 (3) 남자가 여자보다 힘이 셉니다.　　　(4) 중국이 한국보다 사람이 많습니다.
　 (5) 지난주보다 이번 주가 더 바빴습니다. (6) 작년보다 올해가 더 행복했습니다.
5. (1) 숙제를 하고 있습니다.　　　　　　(2) 밥을 먹고 있습니다.
　 (3) 공부를 하고 있습니다.　　　　　　(4) 샤워를 하고 있습니다.
　 (5) 전화를 하고 있습니다.　　　　　　(6) 텔레비전을 보고 있습니다.
6. (1) 홍단 씨는 멋있는 안경을 썼습니다.
　 (2) 문지숙 씨는 노란색 스카프를 매고 있습니다.
　 (3) 강철수 씨는 흰색 장갑을 끼고 있습니다.
　 (4) 조선화 씨는 짧은 치마를 입고 있습니다.
　 (5) 김진 씨는 높은 구두를 신고 있습니다.
　 (6) 김희선 씨는 작은 가방을 들고 있습니다.
7. (1) 명동에 갔습니다.
　 (2) 지영 씨와 같이 갔습니다.
　 (3) 올해 겨울에는 짧은 치마가 유행입니다.
　 (4) "홍단 씨도 짧은 치마를 입으세요. 요즘에는 짧은 치마가 유행이에요. 홍단 씨는 날씬해서 짧은 치마가 잘 어울릴 거예요." 라고 말했습니다.
　 (5) 한국 날씨가 추워서 입고 싶지 않다고 했습니다.
8. 저는 봄과 가을에는 귀여운 스타일의 치마를 좋아합니다. 그리고 치마와 잘 어울리는 블라우스를 입습니다. 여름에는 청바지와 반팔 티셔츠를 자주 입습니다. 겨울에는 어두운 색의 두꺼운 스웨터를 입습니다.
9. (1) 그는 파란 양복을 가장 좋아합니다.
　 (2) 유학 가는 사람들은 모두 어떤 사람입니까?
　 (3) 저는 시보다 소설을 좋아합니다.
　 (4) 홍단 씨는 지금 침실에서 청소하고 있습니다.

(5) 검은 양복을 입고 안경을 낀 저 남자 분이 우리 담임 선생님이십니다.
(6) 지금 중국에서 가장 유행하고 있는 복장은 어떤 스타일이에요?
(7) 민호 씨는 오늘 양복을 입고 있습니다. 그리고 넥타이를 매고 있습니다. 매우 멋있습니다.
(8) 저기 모자를 쓰고 있는 남자 분이 누구십니까?
(9) 당신이 입고 있는 윗옷과 바지가 잘 어울립니다.
(10) 이것보다 좀 더 큰 사이즈의 신발은 없습니까?

第27课

1. (1) 네, 한국말 공부하는 것이 재미있습니다.
   (2) 수영하는 것입니다.
   (3) 테니스 치는 것을 좋아합니다.
   (4) 운동하는 것을 싫어합니다.
   (5) 노래를 부르는 것이 재미있습니다.
   (6) 수영장에 가는 것이 좋습니다.
2. (1) ㄱ: 졸업하면 뭘 할 겁니까?
       ㄴ: 졸업하면 회사에 취직할 겁니다.
   (2) ㄱ: 한국어를 배우면 뭘 할 겁니까?
       ㄴ: 한국어를 배우면 한국에 갈 겁니다.
   (3) ㄱ: 감기에 걸리면 어떻게 할 겁니까?
       ㄴ: 감기에 걸리면 약을 먹을 겁니다.
   (4) ㄱ: 기분이 좋으면 뭘 합니까?
       ㄴ: 기분이 좋으면 노래를 부릅니다.
   (5) ㄱ: 첫눈이 오면 뭘 할 겁니까?
       ㄴ: 첫눈이 오면 눈사람을 만들 겁니다.
   (6) ㄱ: 화가 나면 어떻게 합니까?
       ㄴ: 화가 나면 웁니다.
3. (1) 매일 열심히 공부하세요.   (2) 이화원에 가보세요.
   (3) 저녁에 전화하세요.   (4) 여행을 하고 싶습니다.
   (5) 술을 많이 마시면 노래를 부릅니다.   (6) 옷이 너무 비싸면
4. (1) 운동을 해 보세요.   2) 한국 친구를 사귀어 보세요.
   (3) 남자친구와 대화를 해 보았어요?   (4) 여행사에 가 보세요.
   (5) 병원에 가 보았어요?   (6) 생활 계획표를 짜 보세요.
5. (1) 설악산이나 한라산에 가고 싶습니다.   (2) 한국어나 일본어를 배우고 싶습니다.
   (3) 주스나 콜라를 마시고 싶어요.   (4) 수영이나 테니스를 좋아합니다.
   (5) 비행기나 기차를 타고 갈 겁니다.   (6) 꽃이나 책을 주고 싶습니다.
6. (1) 물어 보세요.   (2) 들어 보셨어요?   (3) 걸었습니다.
   (4) 물어 보세요.   (5) 들어 보세요.   (6) 걸어 갑니다.
7. (1) 등산하는 것입니다.
   (2) 언제나 산에 갑니다.
   (3) 한국의 산은 중국의 산보다 크지 않습니다.

(4) 지난달에 갔습니다.
(5) 아니요, 이번 여름 방학에 갈 겁니다.
8. 저는 여행하는 것을 좋아합니다. 그래서 방학에는 자주 여행을 갑니다. 중국에서는 북경, 상해, 계림에 가 보았습니다.
9. (1) 당신은 사과 먹는 것을 좋아합니까?
—아니요, 저는 배 먹는 것을 좋아합니다.
(2) 내일 비가 오면 봄놀이를 갑니까?
(3) 당신은 한국 음식을 먹어 봤습니까?
—네, 저는 불고기를 가장 좋아합니다.
(4) 일요일에 무엇을 할 겁니까?
—저는 테니스나 배드민턴을 치고 싶습니다.
(5) 학교에서 여기까지 20분쯤 걸었습니다.
(6) 당신은 무슨 운동을 좋아합니까?
—농구하는 것이나 공 차는 것을 좋아합니다.
(7) 어떻게 다이어트하는 것이 가장 좋습니까?
—매일 운동하는 것이 가장 좋은 방법입니다.
(8) 왕단 씨는 배구하는 것을 좋아하지 않습니다.
(9) 무슨 취미가 있습니까?
—저는 음악 듣는 것을 좋아합니다.
(10) 오늘 온종일 바빴습니다. 그래서 지금 힘이 없습니다.

第28课

1. (1) 에 (2) 으로 (3) 에게 (4) 에서 (5) 에, 으로 (6) 에서
2. (1) ㄱ: 화장실을 어떻게 가야 합니까?
ㄴ: 똑바로 가다가 왼쪽으로 가십시오.
(2) ㄱ: 은행을 어떻게 가야 합니까?
ㄴ: 똑바로 가다가 오른쪽으로 가십시오.
(3) ㄱ: 우체국을 어떻게 가야 합니까?
ㄴ: 이 길로 가다가 사거리가 나오면 왼쪽으로 가십시오.
(4) ㄱ: 시청을 어떻게 가야 합니까?
ㄴ: 33번 버스를 타고 가다가 프라자 호텔에서 내리십시오.
(5) ㄱ: 국립 도서관을 어떻게 가야 합니까?
ㄴ: 지하철 2호선을 타고 가다가 서초역에서 내리십시오.
(6) ㄱ: 덕수궁을 어떻게 가야 합니까?
ㄴ: 167번 버스를 타고 가다가 시청역에서 내리십시오.
3. (1) 맛이 없을 겁니다.   (2) 봤을 겁니다.
(3) 갔을 겁니다.   (4) 추울 겁니다.
(5) 근처에 있을 겁니다.   (6) 쌀 겁니다.
4. 2045년에는 전쟁이 많이 날 겁니다.
5. (1) 오늘은 월요일이 아닙니다. 수요일입니다.
(2) 홍단 씨는 대학원생이 아닙니다.

(3) 이 우산은 왕룽 씨의 것이 아닙니다.
(4) 993-1777이 아닙니다. 993-1778입니다.
(5) 국민은행이 아닙니다. 하나은행입니다.
(6) 이 과일은 오렌지가 아닙니다. 귤입니다.

6. (1) 그래서　　　(2) 그러니까　　　(3) 그러니까
　(4) 그래서　　　(5) 그러니까　　　(6) 그래서

7. (答案略)

8. 우리 집은 강남역에 있습니다. 우리 집에 가려면 학교 앞에서 34번 버스를 타고 삼성에서 내리십시오. 그리고 지하철 2호선으로 갈아타고 10분쯤 오시면 됩니다.

9. (1) 북경호텔에 가려면 어떻게 가야 합니까?
　　—계속 앞으로 가다가 첫번째 사거리가 나오면 왼쪽으로 가십시오.
　(2) 이강 씨는 신화사 기자입니까?
　　—아니요, 그는 중국국제방송국의 기자입니다.
　(3) 실례합니다. 북경역에 가려면 어떻게 가야 합니까?
　　—먼저 332번을 타고 동물원에 가세요. 그리고 103번 무궤도 전차로 갈아타고 종착역까지 가면 됩니다.
　(4) 이 씨는 내일 올 겁니다.
　(5) 22번을 타고 치엔먼까지 갈 수 있는데 지금은 퇴근시간이라서 아마 길이 많이 막힐 겁니다. 그러니까 지하철을 타십시오.
　(6) 사거리 옆에서 교통사고가 발생했습니다.
　(7) 그는 담배를 피웁니까?
　　—아마 그는 이미 담배를 끊었을 겁니다.
　(8) 신혼여행을 어디로 갈 겁니까?
　　—저는 다음달에 제주도로 갈 겁니다.
　(9) 이 빌딩에는 주차장이 있습니까?
　　—네, 지하 1층에 있습니다. 밑으로 내려가세요.
　(10) 보행자는 인도로 걸어야 해요.

第29课

1. (1) 저는 어제 친구를 만나서 같이 커피를 마셨습니다.
　(2) 라면을 끓여서 맛있게 먹었습니다.
　(3) 어제 부모님께 편지를 써서 보냈습니다.
　(4) 저는 어제 예쁜 그림을 그려서 친구에게 선물했습니다.
　(5) 친구들하고 식당에 가서 비빔밥을 먹었습니다.
　(6) 백화점에 가서 친구를 만났습니다.

2. (答案略)

3. (1) 큰　　(2) 짧게　　(3) 깨끗하게　　(4) 빨리　　(5) 좋은　　(6) 맛있게

4. (1) 아마 잠을 자려고 할 겁니다.
　(2) 아마 공부를 열심히 하려고 할 겁니다.
　(3) 아마 돈을 벌려고 할 겁니다.
　(4) 아마 한국어를 공부하려고 할 겁니다.

(5) 아마 친구들에게 편지를 쓰려고 할 겁니다.
(6) 아마 백화점에 가려고 할 겁니다.
5. (1) 못 들어갔습니다. (2) 안 갔습니다.
(3) 지영 씨와 말을 안 했습니다. (4) 못 봤어요.
(5) 못 춰요. (6) 못해요.
6. (1) 에게 (2) 에서 (3) 에게서 (4) 에서 (5) 에게서 (6) 에서
7. (1) 6명입니다.
(2) 한국어를 공부합니다.
(3) 네, 잘 도와 줍니다.
(4) 주말에 산에 가는 것입니다.
8. (1) 길을 모르면 물어 보고 가세요.
(2) 왜 늦게 왔어요?
—퇴근 시간이라서 차가 많이 막혔어요.
(3) 그는 좀 더 쓸 거예요. 저희들 먼저 가게 해주세요.
(4) 그는 자신의 꿈을 실현시키지 못하고 세상을 떠났다.
(5) 오빠는 동생에게 할아버지에게서 들은 이야기를 해 주고 있다.
(6) 저는 지난달 여자 친구에게서 편지를 받았습니다.
(7) 요즘 어떻게 지내셨어요?
—당신 덕분에 잘 지내고 있습니다.
(8) 왕단 씨를 만나면 제 안부를 좀 전해 주십시오.
(9) 왕단 씨, 여기는 웬일이세요?
—친구 생일 선물을 사러 왔어요.
(10) 이 식당의 음식이 아주 입에 맞습니다.

第30课

1. (1) 공부를 열심히 하는 (2) 들은 (3) 전화하는
   (4) 쌓인 (5) 자는 (6) 갈
   (7) 먹은 (8) 안 쓰는
2. (1) 집 근처에 있는, 친한, 자고 있는, 걸어 다니는, 누워있는, 뛰어 다니는, 음식을 먹고 있는, 물놀이 하는, 목이 긴
   (2) 집 근처에 있는, 물건을 사러 온, 옷을 파는, 여름에 입는, 검은, 노란, 예쁜
   (3) 중국에서 온, 비싼, 일본에서 온, 미국에서 온, 한국에서 온
3. (1) 싸고 품질이 좋은 가방을 사려면 동대문 시장에 가십시오.
   (2) 한국어를 빨리 잘 하려면 한국으로 유학을 가십시오.
   (3) 장학금을 받아서 유학을 가려면 공부를 열심히 하십시오.
   (4) 아침 일찍 일어나고 싶으면 저녁에 일찍 자세요.
   (5) 담배를 끊으려면 운동을 하십시오.
   (6) 음식을 맛있게 만들려면 자주 만들어 보세요.
4. (1) 머리를 깎는 데 얼마나 들었습니까?
   (2) 분위기 좋은 술집에서 맥주를 두 병 마시는 데 얼마나 듭니까?
   (3) 한 달 동안 중국의 남부 지방을 여행하는 데 돈이 얼마나 듭니까?

(4) 한국에 편지를 보내는 데 돈이 얼마나 듭니까?
(5) 파마를 하는 데 돈이 얼마나 듭니까?
(6) 결혼을 하는 데 돈이 얼마나 들었습니까?

5. (1) ㄱ: 공책이 얼마입니까?
    ㄴ: 이것은 1,000원짜리이고, 저것은 1,500원짜리입니다.
    ㄱ: 1,500원짜리 공책 4권 주십시오.
  (2) ㄱ: 닭이 얼마입니까?
    ㄴ: 이것은 3,500원짜리이고, 저것은 4,000원짜리입니다.
    ㄱ: 4,000원짜리 닭 1마리 주십시오.
  (3) ㄱ: 호박이 얼마입니까?
    ㄴ: 이것은 500원짜리이고, 저것은 700원짜리입니다.
    ㄱ: 700원짜리 호박 2개 주십시오.
  (4) ㄱ: 전화카드가 얼마입니까?
    ㄴ: 이것은 3,000짜리이고, 저것은 5,000원짜리입니다.
    ㄱ: 5,000원짜리 전화카드 1장 주십시오.

6. (1) 살았습니다. 삽니다.　　(2) 들었습니다.　　(3) 조는
  (4) 긴　　　　　　　　　　(5) 멉니다.　　　　(6) 압니까?

7. (1) 가족이나 친구가 보고 싶으면 편지를 씁니다.
  (2) 전화 요금이 비싸기 때문에 자주 못 합니다.
  (3) 전화는 요금이 비싸고 공중전화는 불편하기 때문에 편지를 자주 씁니다.
  (4) 조금 전에 진문수 씨가 편지를 보낸 친구에게서 편지가 왔기 때문입니다.
  (4) ㉣돌아온

8. 소포를 부치려면 먼저 물건을 잘 묶어서 포장을 합니다. 그리고 주소와 우편번호를 쓴 후 무게를 잽니다. 마지막으로 우표를 소포 위에 붙이면 됩니다.

9. (1) 500원짜리 우표 한 장과 10원짜리 우표 5장을 붙이십시오.
  (2) 빨리 보내려면 빠른 우편을 이용하십시오.
  (3) 선편으로 보내실 겁니까? 항공편으로 보내실 겁니까?
  (4) 돈이 얼마나 듭니까?
  (5) 일본에 언제쯤 도착합니까?
  (6) 중국 친구에게 선물을 부치려고 하는데요. 어떻게 부치는 것이 좋아요(무슨 방법을 이용하는 것이 좋아요)? —항공편으로 보내세요. 빨리 도착할 겁니다.
  (7) 우편물의 무게를 달아 주십시오.
  (8) 북경에서 남경까지 일반 우편으로 부치면 얼마나 걸립니까?
  (9) 물건을 포장하시고 우표를 붙이십시오.
  (10) 저는 중국을 떠나려고 합니다. 아쉬움이 좀 남습니다.